돈 버는 로또

조상 땅 찾기

정상운 · 정현석 공저

조상님 상속재산은 어디에 있을까?

조상님이 물려주신 엄청난 재산을 되찾아 부자되기

돈 버는 로또 조상 땅 찾기

초판 1쇄 2021년 01월 04일

지은이 정상운 · 정현석
발행인 김재홍

발행처 도서출판지식공감
브랜드 비움과채움
등록번호 제396-2012-000018호
주소 서울특별시 영등포구 경인로82길 3-4 센터플러스1117
전화 02-3141-2700
팩스 02-322-3089
홈페이지 www.bookdaum.com

가격 15,000원
ISBN 979-11-5622-564-5 13360

돈 버는 로또

조상 땅 찾기

정상운 · 정현석 공저

조상님 상속재산은 어디에 있을까?

조상님이 물려주신 엄청난 재산을 되찾아 부자되기!

비움과 채움

돈 버는 로또
조상 땅 찾기

목차

3장 ▌ 현재 상황 및 제도

4장 ▌ 상속제도와 판례

5장 ▌ 상속인은 어떻게 해야 할까?

서 문

우선 이 책을 읽는 독자에게 감사드리면서 축하드린다.

왜냐하면, 당신도 나와 같은 고민을 시작해보려 하기 때문이다.

2020년 7월 20일 "땅 주인이 일본인? 토지대장의 네 글자 이름들" 이란 MBC(양현승 기자) 보도를 보고 조상 땅 찾기에 관심이 많았던 필자가 더는 방관해서는 안 되겠다는 생각에 졸필이지만 사회에 경종을 울리고자 그동안 수집 정리한 자료를 독자들에게 사실 그대로 적시하고자 한다.

대한민국 전 국토에 주인 없이 버려져 있는 잃어버린 땅이 많이 있을까?

그에 대한 답은 '그렇다'이다.

이것을 자세히 알고 싶다면 대한민국 땅에 대한 연혁을 조금 더 들여다봐야 한다. 왜냐하면, 이런 이해는 우리들 자신의 권리를 찾기 위한 명분, 정당성이 된다고 생각하기 때문이다.

한국 현대사는 두 가지 큰 사건이 있었다. 민족의 비극인 일제강점기와 6·25 전쟁이 그것이다. 이 두 가지 사건으로 인하여 등기부와 지적공부(토지·임야대장)가 대량 소실되고, 소유자(조상님)가 행방불명이나 사망하게 되었다.

그런데 소유자가 행방불명이나 사망하였음에도 불구하고 상속인에게 상속되지 않고 등기부와 지적공부에 조상님의 성명이나 일본 씨명으로 기재되어 있거나 소유자 공란으로 되어 있는 땅이 대략 수백만 필지가 될 것으로 추정된다.

국가가 국민 개개인에 대한 정보를 가지고 있음에도 이러한 땅을 국유재산법과 민법을 근거로 등기부와 지적공부의 소유자란이 공란인 경우, 창씨개명한 조상님 땅, 상속인을 알 수 없다고 판단되는 땅을 국유로 무상 귀속시키고 있다.

국가에서는 관련 법령의 규정에 의거하여 상기 땅을 소유자 없는 '무주부동산'이라 결정한 후에 조상님의 땅을 국가귀속 시키고 있으며 '특별조치법'이나 '시효취득'에 의해 제3자에게 소유권이 이전되었고 현재도 이전되고 있다.

필자는 도저히 이해할 수 없다. 어찌 소유자 없는 땅이 존재할 수 있을까? 이는 국가의 직무유기라 생각할 수밖에 없다.

필자가 국가기관인 조달청에 상속인에게 상속되지 않고 조상님 성명이나 일본 씨명 또는 소유자 공란으로 방치되고 있는 땅이 수없이 많은데 어떤 대책이 있는지 질의하였다. 조달청의 답변은 "한정된 인력과 처리시스템 미비로 전국적인 부재자 소유 토지는 수십만 필지에 달하는 것으로 추정되고 있으나 신속한 조사가 이루어지지 않고 있다"라고 하였다.

국가에서는 단지 한정된 인력과 처리시스템의 미비로 정상적인 업무 추진이 곤란하다며 업무를 회피 아닌 회피를 하고 있다. 이를 해소하기 위해 조직을 추가 보강하고 처리시스템을 정비하여 국가의 책무인 국민 개개인의 재산권을 보호해야 한다고 생각한다.

필자는 정당한 상속인일지도 모르는 독자들의 이해를 돕기 위해 어떻게 하면 자료의 핵심 내용을 쉽게 설명할 수 있을지 고민에 고민을 거듭하다 필자가 알고 보유한 자료를 원문 그대로 간략히 기술하고 약간의 해설을 덧붙여 이해하기 쉽게 하려고 노력하였다.

조상 땅 찾기의 필수 요소인 법제처 국가법령정보센터 법령과 대법원 종합법률정보의 판례, 위키백과, 국가기록원에 있는 조선총독부관보 등의 자료를 중심으로 알아보기로 한다.

필자와 함께 여행을 떠나기 전 간략한 설명을 하고자 한다.

1장에서는 일제강점기 시행되었던 제도와 그 영향 등을 중심으로 알아본다.

2장에서는 6·25전쟁 전후 시행되었던 제도와 그 영향 등을 중심으로 알아본다.

3장에서는 현재 시행되고 있는 제도와 그 영향 등에 대해 알아본다.

4장에서는 상속제도의 변천과 각종 대법원 판례에 대해 알아본다.

5장에서는 변호사·법무법인의 상황과 상속인 입장에서 조상 땅 찾기를 어떻게 하면 좋을지에 대해 알아본다.

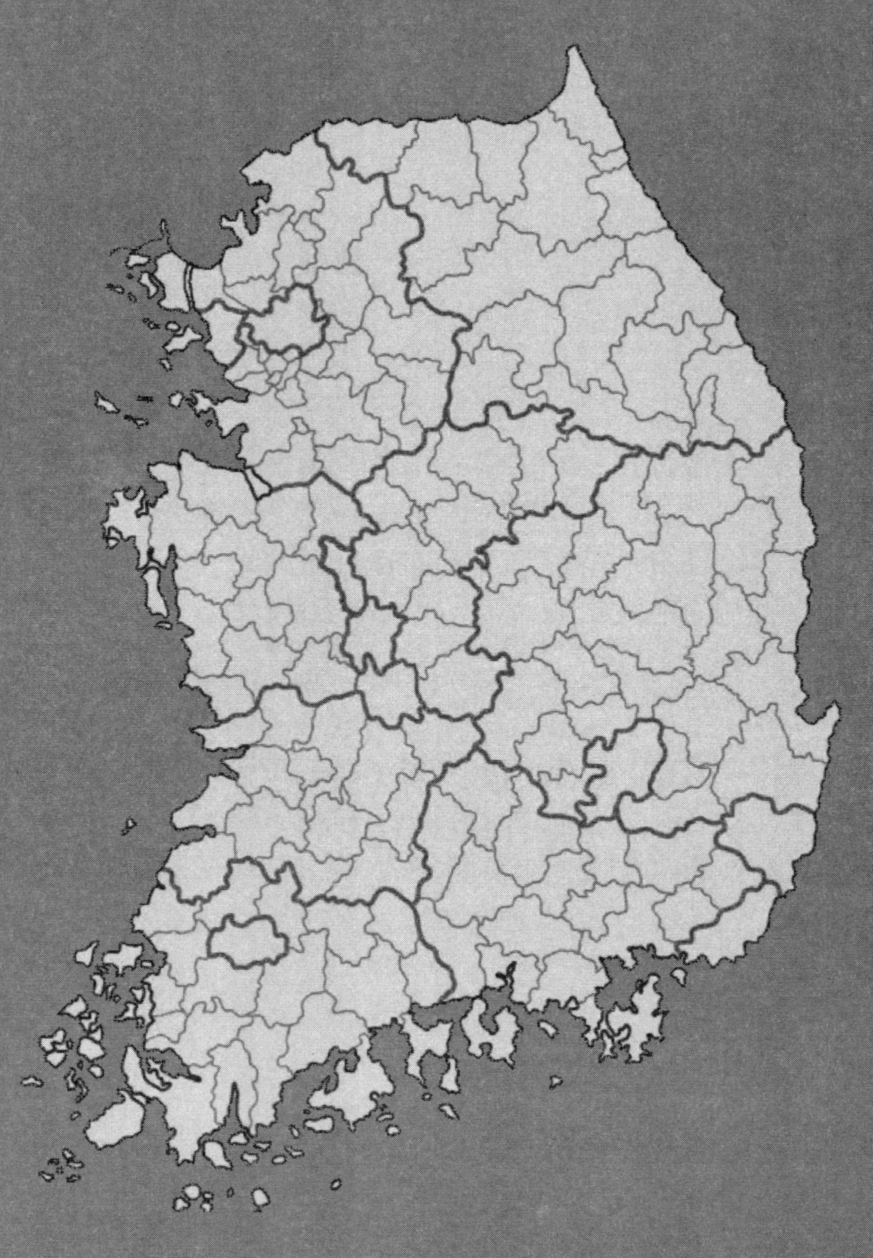

제1장
일제강점기

01

행정구역의 변천

제적등본이나 등기부, 지적공부에 있는 소유자 주소는 대부분 일제강점기 행정구역 명칭으로 현재의 행정구역으로는 조상님 땅을 찾을 수 없다.

【출처 : 국가기록원, 위키백과】

현재 우리나라 행정구역의 기초는 대한제국시대 행정구역을 면·리 단위까지 일제 정비하고 일제강점기인 1914년에 조선총독부관보에 고시하여 확정하였습니다.

朝鮮總督府官報

號外

大正三年三月十三日　朝鮮總督府官房總務局印刷所

○地方廳公文

朝鮮總督府京畿道令第三號

面ノ名稱及區域左ノ通定メ大正三年四月一日ヨリ之ヲ施行ス

大正三年三月十三日　朝鮮總督府京畿道長官　檜垣直右

面ノ名稱及區域

高陽郡　（十二面）

名稱	區域
龍江面	龍山面一圓、西江面一圓、延禧面汝矣島一圓
延禧面	延禧面(汝矣島ヲ除ク)一圓、下道面德隱里ノ一部(蘭芝島)
恩平面	恩平面ノ內神道面ノ區域ニ屬セサル地域
崇仁面	崇信面一圓、仁昌面徽慶園、踏十里、典農里、淸涼里、回基洞、餠店里、長位里、石串里、上月谷、下月谷、祭基里、龍頭里
纛島面	豆毛面ノ內漢芝面ノ區域ニ屬セサル地域、古楊州面一圓
漢芝面	漢芝面一圓、豆毛面豆毛浦、水鐵里、新村里、新堂里、杏堂里、箭串洞、余契洞、舞鶴洞、蓮池洞、仁昌面ノ內崇仁面ノ區域ニ屬セサル地域
碧蹄面	沙里大面一圓、神穴面碧蹄里、仙遊洞、九耳面城洞
神道面	神穴面ノ內碧蹄面ノ區域ニ屬セサル地域、下道面ノ內延禧面ノ區域ニ屬セサル地域、恩平面上谷、中谷、新芚、孝子洞、沙器洞
元堂面	元堂面一圓、九耳面食寺里
知道面	求知道面一圓
松浦面	松山面一圓、巳浦面一圓
中面	中面一圓

富川郡　（十五面）

名稱	區域
多朱面	多所面一圓、朱安面一圓
文鶴面	舊邑面一圓、元仁川府西面一圓
蘇萊面	新峴面一圓、田反面一圓、黃等川面一圓
南洞面	南村面一圓、烏洞面一圓
永宗面	永宗面一圓
龍游面	龍游面一圓
德積面	德積面一圓
富內面	郡內面一圓、元富平郡西面一圓、馬場面一圓、同所井面一圓
桂陽面	東面一圓、黃魚面一圓、堂山面一圓
吾丁面	注火串面一圓、上吾丁面一圓、下吾丁面一圓
桂南面	水呑面一圓、玉山面一圓、石川面一圓
西串面	石串面一圓、毛月串面一圓
北島面	信島一圓、矢島一圓、茅島一圓、長峯島一圓
大阜面	大阜面一圓
靈興面	靈興面一圓

始興郡　（十面）

名稱	區域
北面	上北面一圓、下北面一圓
東面	東面一圓、郡內面(博達里ヲ除ク)一圓
西面	郡內面博達里、西面一圓、南面一圓
新北面	元果川郡下北面一圓、元果川郡上北面銅雀里、舍堂里
新東面	元果川郡上北面ノ內新北面ノ區域ニ屬セサル地域
	元果川郡東面(注岩里ヲ除ク)一圓
果川面	元果川郡東面注岩里、元果川郡郡內面一圓
西二面	上西面一圓、下西面一圓
南面	元果川郡南面一圓
秀岩面	元安山郡郡內面一圓、仁化面一圓、草山面一圓
君子面	馬遊面一圓、大月面一圓、瓦里面一圓

水原郡　（二十一面）

名稱	區域
水原面	南部面南昌洞、南水洞、梅香洞、校洞、山樓洞ノ一部(梅香橋以北ノ地域)、梅山里ノ一部(鐵道線路以東ノ地域)、鍮川洞ノ一部(梅香橋川西部ノ地域)、北部面北水洞、普施洞、軍器洞、新豐洞、長安洞
日荆面	南部面高等村、梅山里ノ一部(鐵道線路以西ノ地域)、北部面ノ內水原面

朝鮮總督府官報號外　大正三年三月十三日（明治四十三年八月二十九日第三種郵便物認可）

朝鮮總督府官報

第四百八十六號

大正三年三月十六日

朝鮮總督府總務局印刷所

○通牒

官通牒第九十三號

大正三年三月十六日

政務總監

各道長官宛

鑛業權及砂鑛採取權ニ關スル事項通知方ノ件

從來鑛業權及砂鑛採取權ノ許可、消滅竝異動ニ關スル事項ハ官報彙報欄ニ掲載シテ之カ通知ヲ省略セシ處大正三年四月一日以降該事項ハ官報掲載以外ニ其ノ都度道長官ニ通知スルコトニ可致候條道長官ニ於テ該事項ノ通知ヲ受ケタルトキハ直ニ之ヲ所轄府郡ニ通知シ鑛税徵收上ノ資料ニ供セシメラレ度及通牒候也

官通牒第九十四號

大正三年三月十六日

度支部長官

各税關長、支署長、出張所長(隣接國境税關出張所ヲ除ク)宛

輸移入貨物ノ生產地ニ關スル件

輸移入貨物ノ生產地ハ檢査ノ際充分調査可相成儀ニ候處從來往往確實ナラサルモノアリ就中鐵、鋼、鉛其他一般金屬類ニ於テ甚シキモノアリ候樣見受ケラレ候條將來一層御注意相成度及通牒候也

○地方廳公文

朝鮮總督府慶尙北道令第二號

面ノ名稱及區域左ノ通定メ大正三年四月一日ヨリ之ヲ施行ス

大正三年三月十六日

朝鮮總督府慶尙北道長官　李軫鎬

面ノ名稱及區域

達城郡

名稱	區域
城北面	東中面一圓、東下面一圓
公山面	解西村面一圓、解北村面一圓
解顔面	解西部面一圓、解東村面一圓
壽城面	下守西面一圓、守東面一圓、守北面一圓、守縣內面一圓
嘉昌面	上守西面一圓、下守南面一圓、上守南面一圓
達西面	西中面一圓、達西面一圓
多斯面	河東面一圓、河南面一圓
河濱面	河西面一圓、河北面一圓
城西面	城西面一圓、租巖面一圓
月背面	月背面一圓、甘勿川面一圓
花園面	仁興面一圓、花縣內面一圓
玉浦面	玉浦面一圓、法化面一圓、省半谷面一圓
玄風面	縣內面一圓、揭山面一圓
瑜伽面	瑜伽面一圓、雩萬面一圓、末亦面一圓
求智面	求智面一圓、烏山面一圓
論工面	論工面一圓、廬長面一圓

高靈郡

名稱	區域
高靈面	邑內面一圓、乃谷面(後岩洞ヲ除ク)ノ一圓、良泉面內谷洞及外洞
德谷面	仁谷面一圓、德谷面一圓、乃谷面後岩洞
雲水面	雲水面一圓、長音面(沙鳧洞、箕山洞ヲ除ク)ノ一圓
星山面	所也面一圓、加縣面一圓、長音面沙鳧洞、箕山洞
開津面	開津面一圓、良泉面(內谷洞、外洞ヲ除ク)ノ一圓
茶山面	伐知面一圓、茶山面一圓
牛谷面	旺谷面一圓、牛下面一圓
林泉面	林泉面一圓
雙洞面	雙洞面一圓

淸道郡

名稱	區域
華陽面	上西面一圓、次邑面一圓
豐角面	縣內面一圓、二西面一圓
角南面	內西面一圓、初同面一圓
角北面	角北面一圓
伊西面	上北面一圓、次北面一圓

■ 고양군 일제강점기 지적도

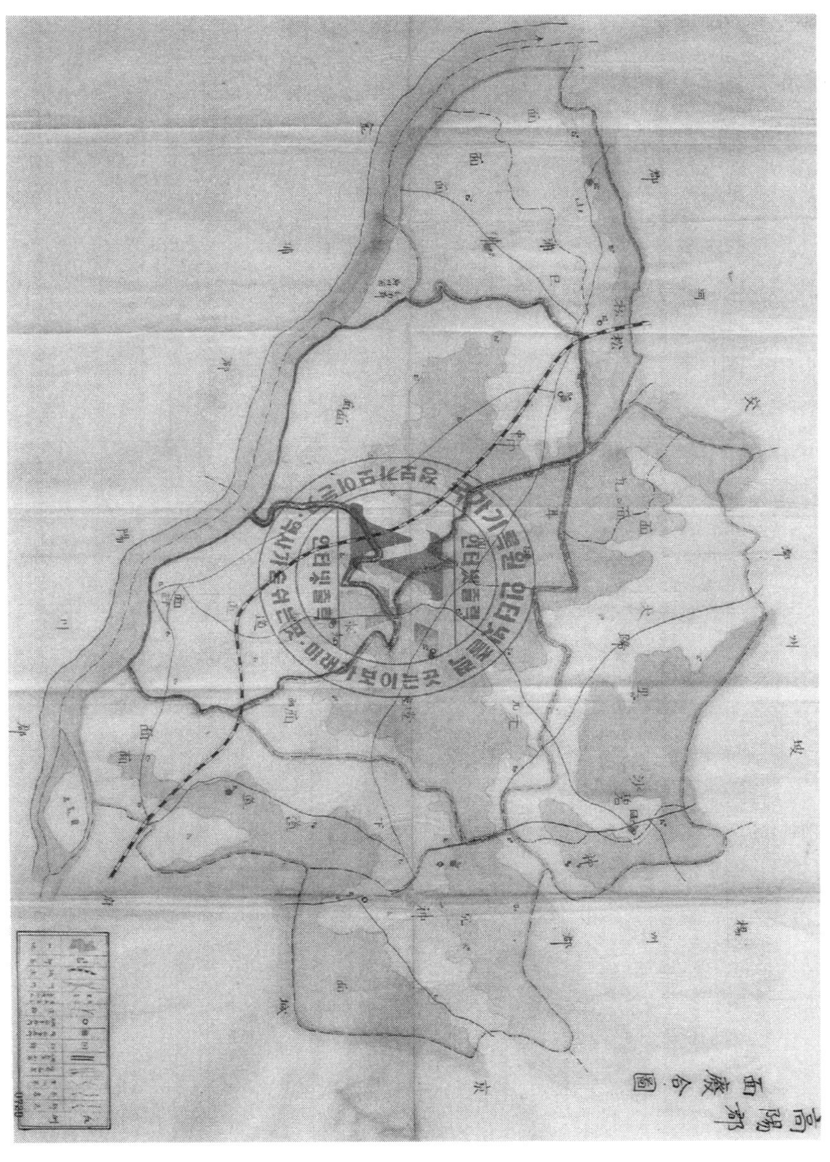

■ 고양군 1914년의 행정구역과 현재의 행정구역

1914년		현 재	
면	리	구	동
용강면龍江面	여율리	서울 영등포구	여의도동
	현석리, 신수철리, 구수철리, 창전리, 하중리, 신정리, 당인리, 아현리, 공덕리, 신공덕리, 염리, 동막상리, 동막하리, 토정리, 상수일리, 하수일리	서울 마포구	현석동, 신수동, 구수동, 창전동, 하중동, 신정동, 당인동, 아현동, 공덕동, 신공덕동, 염리동, 용강동, 대흥동, 토정동, 상수동 일부, 상수동 일부
연희면延禧面	노고산리, 서세교리, 동세교리, 합정리, 망원리, 성산리, 중리, 상암리, 연희리 일부		노고산동, 서교동, 동교동, 합정동, 망원동, 성산동, 중동, 상암동, 연남동
	아현북리, 대현리, 창천리, 신촌리, 봉원리, 남가좌리, 북가좌리, 연희리 일부	서울 서대문구	북아현동, 대현동, 창천동, 신촌동, 봉원동, 남가좌동, 북가좌동, 연희동
	증산리, 수색리	서울 은평구	증산동, 수색동
은평면恩平面	녹번리, 응암리, 신사리, 구산리, 역촌리, 대조리, 갈현리, 불광리		녹번동, 응암동, 신사동, 구산동, 역촌동, 대조동, 갈현동, 불광동
	홍제내리, 홍제외리	서울 서대문구	홍제동, 홍은동
	부암리, 홍지리, 신영리, 구기리, 평창리	서울 종로구	부암동, 홍지동, 신영동, 구기동, 평창동
숭인면崇仁面	성북리, 안암리, 종암리, 정릉리, 장위리, 석관리, 상월곡리, 하월곡리, 신설리 일부, 미아리 일부, 돈암리 일부, 돈암리 일부, 돈암리 일부, 돈암리 일부	서울 성북구	성북동, 안암동, 종암동, 정릉동, 장위동, 석관동, 상월곡동, 하월곡동, 보문동, 길음동, 돈암동, 동소문동, 삼선동, 동선동

	번리, 수유리, 우이리, 미아리 일부	서울 강북구	번동, 수유동, 우이동, 미아동
	답십리 일부, 용두리 일부	서울 성동구	용답동
	전농리, 청량리, 회기리, 휘경리, 이문리, 제기리, 신설리 일부, 답십리 일부, 용두리 일부	서울 동대문구	전농동, 청량리동, 회기동, 휘경동, 이문동, 제기동, 신설동, 답십리동, 용두동
뚝도면纛島面뚝도면	군자리 일부, 중곡리 일부		장안동
	화양리, 모진리, 능리, 자마장리, 구의리, 광장리, 군자리 일부, 중곡리 일부, 동뚝도리 일부	서울 광진구	화양동 일부, 화양동 일부, 능동, 자양동 일부, 구의동, 광장동, 군자동, 중곡동, 자양동 일부
	면목리	서울 중랑구	면목동
	신천리, 잠실리	서울 송파구	신천동, 잠실동
	송정리, 서뚝도리, 동뚝도리 일부	서울 성동구	송정동, 성수동1가, 성수동2가
한지면漢芝面	두모리, 수철리, 신촌리, 행당리, 상왕십리, 마장리, 사근리, 하왕십리 일부, 하왕십리 일부, 하왕십리 일부		옥수동, 금호동, 응봉동, 행당동, 상왕십리동, 마장동, 사근동, 하왕십리동, 홍익동, 도선동
	이태원리, 둔지리, 동빙고리, 서빙고리, 주성리, 보광리, 한강리	서울 용산구	이태원동, 용산동, 동빙고동, 서빙고동, 주성동, 보광동, 한남동
	신당리 일부, 신당리 일부, 신당리 일부, 신당리 일부	서울 중구	신당동, 흥인동, 황학동, 무학동

<table>
<tr><td rowspan="2">신도면神道面</td><td>구파발리, 진관외리, 진관내리</td><td>서울 은평구</td><td>진관동</td></tr>
<tr><td>오금리, 지축리, 삼송리, 동산리, 용두리, 향동리, 덕은리, 화전리, 현천리, 북한리, 효자리</td><td rowspan="3">고양시 덕양구</td><td>오금동, 지축동, 삼송동, 동산동, 용두동, 향동동, 덕은동, 화전동, 현천동, 북한동, 효자동</td></tr>
<tr><td>지도면知道面</td><td>행주내리, 행주외리, 강매리, 토당리, 화정리, 대장리, 내곡리, 행신리, 신평리</td><td>행주내동, 행주외동, 강매동, 토당동, 화정동, 대장동, 내곡동, 행신동, 신평동</td></tr>
<tr><td rowspan="2">원당면元堂面</td><td>신원리, 원흥리, 주교리, 성사리, 원당리, 도내리</td><td>신원동, 원흥동, 주교동, 성사동, 원당동, 도내동</td></tr>
<tr><td>식사리</td><td>고양시 일산동구</td><td>식사동</td></tr>
<tr><td rowspan="2">벽제면碧蹄面</td><td>고양리, 대자리, 관산리, 내유리, 벽제리, 선유리</td><td>고양시 덕양구</td><td>고양동, 대자동, 관산동, 내유동, 벽제동, 선유동</td></tr>
<tr><td>지영리, 설문리, 사리현리, 문봉리, 성석리</td><td rowspan="2">고양시 일산동구</td><td>지영동, 설문동, 사리현동, 문봉동, 성석동</td></tr>
<tr><td rowspan="2">중면中面</td><td>장항리, 산황리, 풍리, 마두리, 백석리, 일산리 일부, 일산리 일부</td><td>장항동, 산황동, 풍동, 마두동, 백석동, 정발산동, 중산동</td></tr>
<tr><td>일산리 일부, 주엽리</td><td rowspan="2">고양시 일산서구</td><td>일산동, 주엽동</td></tr>
<tr><td>송포면松浦面</td><td>구산리, 가좌리, 대화리, 법곳리, 덕이리 일부, 덕이리 일부</td><td>구산동, 가좌동, 대화동, 법곳동, 덕이동, 탄현동</td></tr>
</table>

■ 광주군 일제강점기 지적도

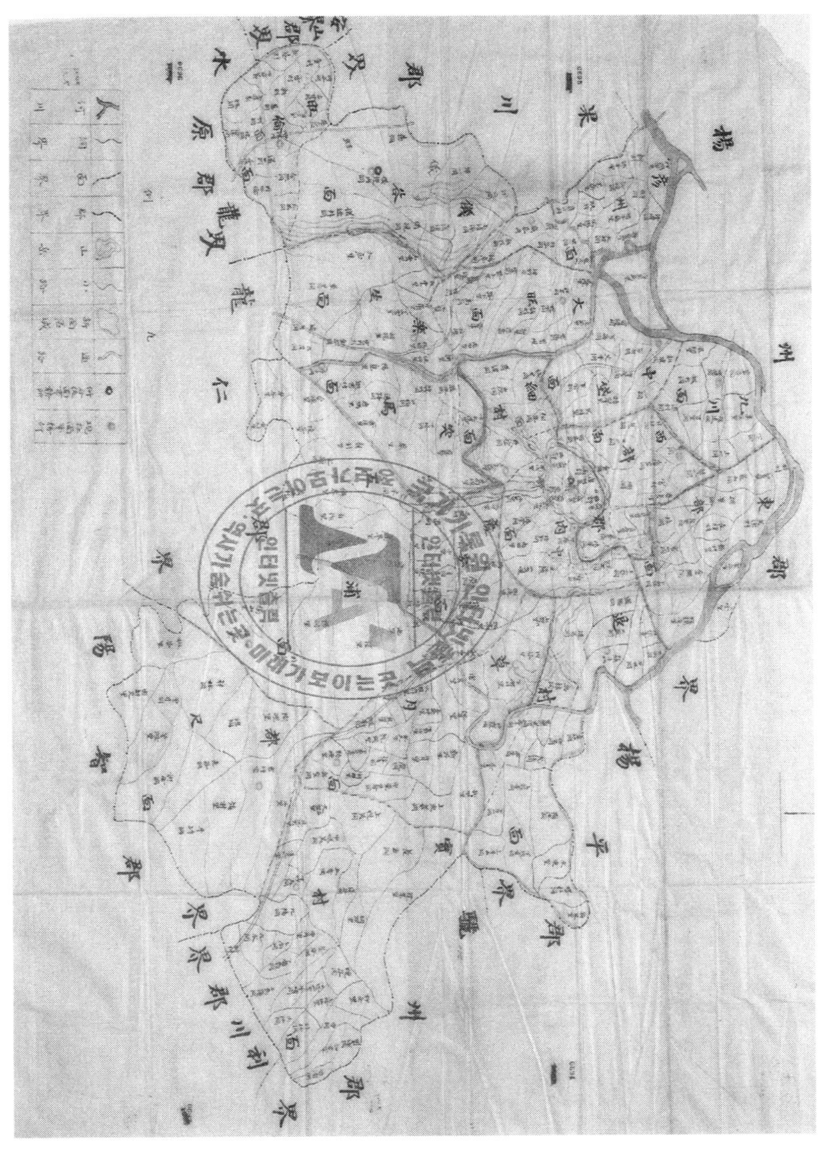

■ 광주군 1914년의 행정구역과 현재의 행정구역

1914년		현 재	
면	리	구읍면	동·리
경안면慶安面	직리, 태전리, 장지리, 역리, 주막리, 탄벌리, 목현리, 회덕리, 송정리, 중대리, 삼리, 쌍령리	광주시	직동, 태전동, 장지동, 역동, 경안동, 탄벌동, 목현동, 회덕동, 송정동, 중대동, 삼동, 쌍령동
오포면五浦面	목리		목동
	신현리, 능평리, 문형리, 추자리, 고산리, 매산리, 양벌리	광주시 오포읍	신현리, 능평리, 문형리, 추자리, 고산리, 매산리, 양벌리
도척면都尺面	궁평리, 도웅리, 진우리, 상림리, 노곡리, 추곡리, 유정리, 방도리	광주시 도척면	궁평리, 도웅리, 진우리, 상림리, 노곡리, 추곡리, 유정리, 방도리
	삼리	광주시 곤지암읍	삼리
실촌면實村面	곤지암리, 수양리, 신촌리, 봉현리, 부항리, 오향리, 열미리, 연곡리, 만선리, 이선리, 장심리, 건업리, 유사리, 삼합리		곤지암리, 수양리, 신촌리, 봉현리, 부항리, 오향리, 열미리, 연곡리, 만선리, 이선리, 장심리, 건업리, 유사리, 삼합리
초월면草月面	신대리		신대리
	서하리, 무갑리, 지월리, 도평리, 신월리, 선동리, 학동리, 늑현리, 산이리, 쌍동리, 대쌍령리, 용수리	광주시 초월읍	서하리, 무갑리, 지월리, 도평리, 신월리, 선동리, 학동리, 늑현리, 산이리, 쌍동리, 대쌍령리, 용수리
	상번천리, 하번천리	광주시 남 한 산성면	상번천리, 하번천리
중부면	검복리, 불당리, 오전리, 광지원리, 엄미리, 산성리		검복리, 불당리, 오전리, 광지원리, 엄미리, 산성리

中部面	상산곡리	하남시	상산곡동
	창곡리, 복정리, 수진리, 단대리 일부, 단대리 일부, 단대리 일부, 탄리 일부, 탄리 일부	성남시 수정구	창곡동, 복정동, 수진동, 단대동, 산성동, 양지동, 태평동, 신흥동
	상대원리, 단대리 일부, 단대리 일부, 탄리 일부, 탄리 일부	성남시 중원구	상대원동, 금광동, 은행동, 성남동, 중앙동
돌마면突馬面	갈현리, 도촌리, 여수리, 하대원리		갈현동, 도촌동, 여수동, 하대원동
	야탑리, 율리, 이매리, 서현리, 분당리, 수내리, 정자리	성남시 분당구	야탑동, 율동, 이매동, 서현동, 분당동, 수내동, 정자동
낙생면樂生面	판교리, 백현리, 하산운리, 석운리, 대장리, 금곡리, 삼평리, 운중리, 궁내리, 동원리, 구미리		판교동, 백현동, 하산운동, 석운동, 대장동, 금곡동, 삼평동, 운중동, 궁내동, 동원동, 구미동
대왕면大旺面	신촌리, 오야리, 심곡리, 시흥리, 둔전리, 사송리, 금토리, 상적리, 고등리	성남시 수정구	신촌동, 오야동, 심곡동, 시흥동, 둔전동, 사송동, 금토동, 상적동, 고등동
	수서리, 세곡리, 율현리, 일원리, 자곡리	서울 강남구	수서동, 세곡동, 율현동, 일원동, 자곡동
언주면彦州面	대치리, 반포리, 삼성리, 청담리, 압구정리, 신사리, 역삼리, 양재리, 포이리, 논현리, 학리		대치동, 개포동 일부, 삼성동, 청담동, 압구정동, 신사동, 역삼동, 도곡동, 개포동 일부, 논현동 일부, 논현동 일부
	염곡리, 신원리, 내곡리	서울 서초구	염곡동, 신원동, 내곡동
중대면	장지리, 거여리, 마천리, 오금리, 가락리, 송파리, 석촌리, 삼	서울 송파구	장지동, 거여동, 마천동, 오금동, 가락동, 송파동, 석촌동, 삼

中臺面	전리, 문정리, 이리, 방이리	서울 강동구	전동, 문정동, 방이동 일부, 방이동 일부
구천면九川面	풍납리		풍납동
	암사리, 고덕리, 상일리, 하일리, 명일리, 길리, 둔촌리, 성내리, 곡교리		암사동, 고덕동, 상일동, 하일동, 명일동, 길동, 둔촌동, 성내동, 천호동
서부면西部面	초일리, 초이리, 춘궁리, 광암리, 감북리, 감일리, 감이리, 학암리, 항리, 상사창리, 하사창리	하남시	초일동, 초이동, 춘궁동, 광암동, 감북동, 감일동, 감이동, 학암동, 항동, 상사창동, 하사창동
동부면東部面	교산리, 하산곡리, 천현리, 덕풍리, 풍산리, 망월리, 선리, 미사리, 신장리, 당정리, 창우리, 배알미리		교산동, 하산곡동, 천현동, 덕풍동, 풍산동, 망월동, 선동, 미사동, 신장동, 당정동, 창우동, 배알미동
남종면南終面	수청리, 검천리, 귀여리, 우천리, 분원리	광주시 남종면	수청리, 검천리, 귀여리, 우천리, 분원리
퇴촌면退村面	금사리, 삼성리, 이석리		금사리, 삼성리, 이석리
	우산리, 관음리, 광동리, 도수리, 정지리, 오리, 도마리, 영동리, 무수리, 원당리	광주시 퇴촌면	우산리, 관음리, 광동리, 도수리, 정지리, 오리, 도마리, 영동리, 무수리, 원당리

■ 김포군 일제강점기 지적도

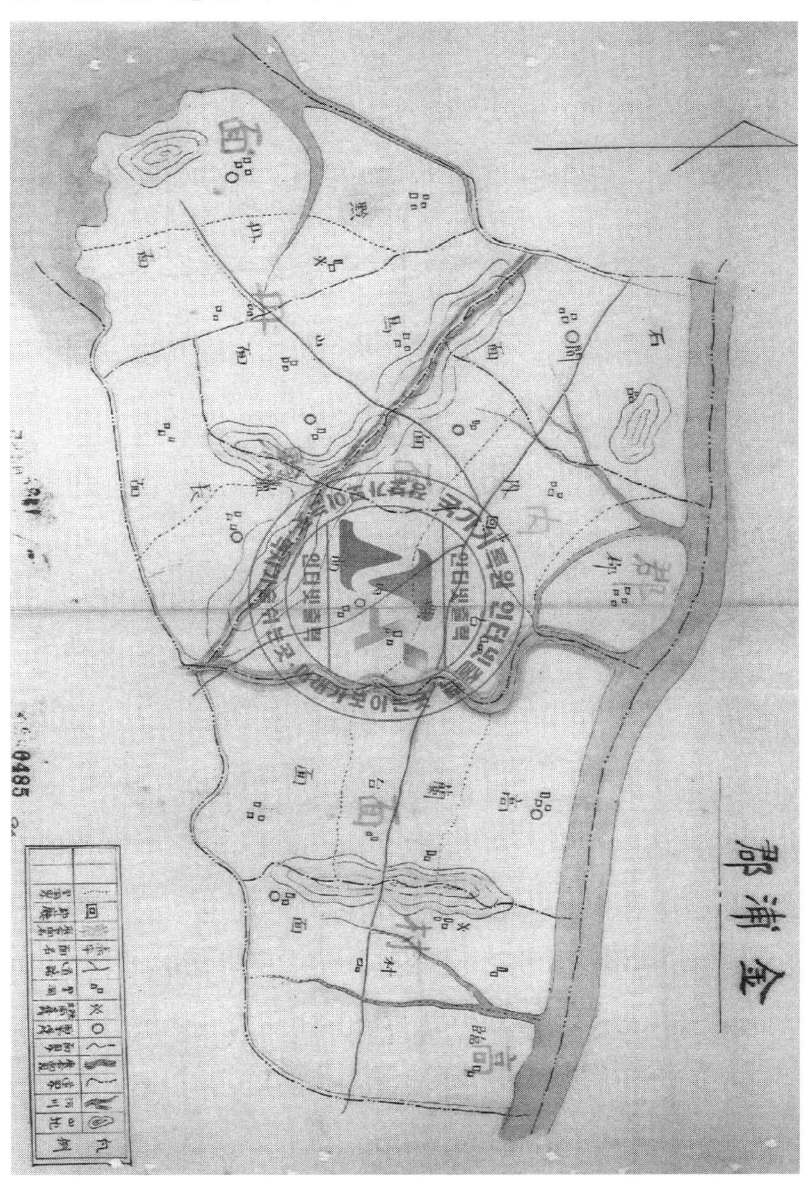

■ 김포군 1914년의 행정구역과 현재의 행정구역

<table>
<tr><th colspan="2">1914년</th><th colspan="2">현 재</th></tr>
<tr><th>면</th><th>리</th><th>구읍면</th><th>동 · 리</th></tr>
<tr><td>군내면郡內面</td><td>북변리, 걸포리, 감정리, 운양리, 장기리, 풍무리, 사우리</td><td>김포시</td><td>북변동, 걸포동, 감정동, 운양동, 장기동, 풍무동, 사우동</td></tr>
<tr><td>검단면黔丹面</td><td>대곡리, 불로리, 마전리, 금곡리, 오류리, 왕길리, 당하리, 원당리,검단리</td><td>인천
서구</td><td>대곡동, 불로동, 마전동, 금곡동, 오류동, 왕길동, 당하동, 원당동,검단동</td></tr>
<tr><td>고촌면高村面</td><td>향산리, 풍곡리, 태리, 신곡리, 전호리</td><td>김포시
고촌읍</td><td>향산리, 풍곡리, 태리, 신곡리, 전호리</td></tr>
<tr><td rowspan="3">양촌면陽村面</td><td>마산리, 구래리 일부</td><td>김포시</td><td>마산동, 구래동</td></tr>
<tr><td>학운리, 대포리, 유현리, 구래리 일부, 양곡리, 누산리, 석모리, 흥신리</td><td>김포시
양촌읍</td><td>학운리, 대포리, 유현리, 구래리, 양곡리, 누산리, 석모리, 흥신리</td></tr>
<tr><td>마송리, 도사리, 수참리</td><td rowspan="2">김포시
통진읍</td><td>마송리, 도사리, 수참리</td></tr>
<tr><td rowspan="2">월곶면月串面</td><td>옹정리, 동을산리, 귀전리, 고정리, 서암리</td><td>옹정리, 동을산리, 귀전리, 고정리, 서암리</td></tr>
<tr><td>군하리, 포내리, 갈산리, 고양리, 고막리, 보구곶리, 성동리, 용강리, 개곡리, 조강리</td><td>김포시
월곶면</td><td>군하리, 포내리, 갈산리, 고양리, 고막리, 보구곶리, 성동리, 용강리, 개곡리, 조강리</td></tr>
<tr><td>대곶면大串面</td><td>쇄암리, 석정리, 송마리, 대명리, 신안리, 거물대리, 초원지리, 오니산리, 대능리, 대벽리, 상마리, 약암리, 율생리</td><td>김포시
대곶면</td><td>쇄암리, 석정리, 송마리, 대명리, 신안리, 거물대리, 초원지리, 오니산리, 대능리, 대벽리, 상마리, 약암리, 율생리</td></tr>
</table>

	가현리	통진읍	가현리
하성면霞城面	전류리, 마곡리, 석탄리, 원산리, 하사리, 봉성리, 가금리, 후평리, 마조리, 시암리, 신리, 양택리	김포시 하성면	전류리, 마곡리, 석탄리, 원산리, 하사리, 봉성리, 가금리, 후평리, 마조리, 시암리, 마근포리, 양택리
양동면陽東面	양화리	서울 영등포구	양화동
	목동리, 신당리, 신정리	서울 양천구	목동, 신월동, 신정동
	가양리, 마곡리, 등촌리, 염창리, 화곡리	서울 강서구	가양동, 마곡동, 등촌동, 염창동, 화곡동
양서면陽西面	내발산리, 외발산리, 송정리, 과해리, 방화리, 개화리		내발산동, 외발산동, 공항동, 과해동, 방화동, 개화동

■ 부천군 일제강점기 지적도

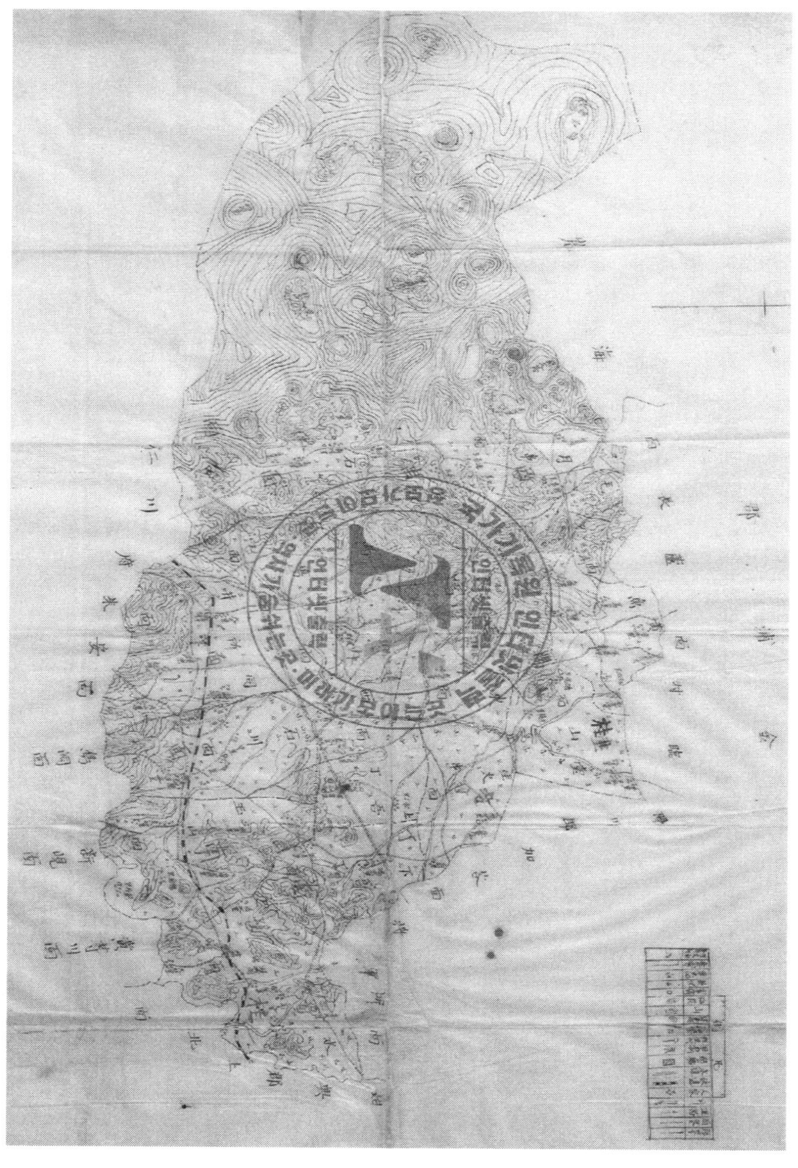

■ 부천군 1914년의 행정구역과 현재의 행정구역

1914년		현 재	
면	리	시구면	동·리
계남면 桂南面	고척리, 개봉리, 오류리, 궁리, 온수리, 천왕리, 항리	서울 구로구	고척동, 개봉동, 오류동, 궁동, 온수동, 천왕동, 항동
	표절리, 조종리, 벌응절리, 상리, 중리, 소사리 일부, 소사리 일부, 심곡리 일부, 심곡리 일부, 괴안리, 범박리, 구지리	부천시	춘의동, 원미동, 역곡동, 상동, 중동, 소사동, 소사본동, 심곡동, 심곡본동, 괴안동, 범박동, 송내동
오정면 吾丁面	대장리, 삼정리, 내리, 오정리, 원종리, 고강리, 작리, 여월리, 도당리, 약대리		대장동, 삼정동, 내동, 오정동, 원종동, 고강동, 작동, 여월동, 도당동, 약대동
	오쇠리, 오곡리	서울 강서구	오쇠동, 오곡동
부내면 富內面	후정리, 갈월리, 청천리, 산곡리, 마분리, 항동리, 구산리, 대정리	인천 부평구	삼산동, 갈산동, 청천동, 산곡동, 부개동, 일신동, 구산동, 부평동
	부평리, 하리, 도두리, 효성리, 가현리, 신대리, 작정리, 화전리	인천 계양구	계산동 일부, 계산동 일부, 서운동, 효성동, 작전동 일부, 작전동 일부, 작전동 일부, 작전동 일부
계양면 桂陽面	박촌리, 병방리, 용종리, 방축리, 임학리, 동양리, 귤현리, 상야리, 하야리, 평리, 노오지리, 선주지리, 장기리, 이화리, 오류리, 갈산리, 다남리, 목상리, 독실리		박촌동, 병방동, 용종동, 방축동, 임학동, 동양동, 귤현동, 상야동, 하야동, 평동, 노오지동, 선주지동, 장기동, 이화동, 오류동, 갈현동, 다남동, 목상동, 둑실동
서곶	가정리, 신현리, 포리 일부, 고작리, 고잔리 일부, 가좌리,	인천 서구	가정동, 신현동, 원창동, 석남동, 경서동, 가좌동, 백석동, 검

<table>
<tr><td>면西串面</td><td>백석리, 검암리, 시천리, 공촌리, 연희리 일부, 심곡리, 고잔리 일부, 포리 일부, 연희리 일부</td><td></td><td>암동, 시천동, 공촌동, 연희동, 심곡동, 청라동</td></tr>
<tr><td rowspan="2">문학면文鶴面</td><td>도장리, 연수리, 청학리, 옥련리, 동춘리 일부, 동춘리 일부</td><td>인천 연수구</td><td>선학동, 연수동, 청학동, 옥련동, 동춘동, 송도동</td></tr>
<tr><td>학익리, 관교리, 문학리, 승기리</td><td rowspan="2">인천 미추홀구</td><td>학익동, 관교동, 문학동, 주안동 일부</td></tr>
<tr><td rowspan="3">다주면多朱面</td><td>도화리, 장의리, 용정리, 사충리</td><td>도화동, 숭의동, 용현동, 주안동 일부</td></tr>
<tr><td>십정리</td><td>인천 부평구</td><td>십정동</td></tr>
<tr><td>구월리, 간석리</td><td rowspan="2">인천 남동구</td><td>구월동, 간석동</td></tr>
<tr><td>남동면南洞面</td><td>논현리, 고잔리, 와우리, 도산리, 발산리, 장수리, 운연리, 서창리, 만수리</td><td>논현동, 고잔동, 남촌동, 도림동, 수산동, 장수동, 운연동, 서창동, 만수동</td></tr>
<tr><td rowspan="3">소래면蘇萊面</td><td>대야리, 은행리, 신천리, 미산리, 방산리, 포리, 안현리, 매화리, 도창리, 금이리, 무지리, 과림리, 계수리 일부</td><td>시흥시</td><td>대야동, 은행동, 신천동, 미산동, 방산동, 포동, 안현동, 매화동, 도창동, 금이동, 무지내동, 과림동, 계수동</td></tr>
<tr><td>옥길리 일부, 계수리 일부</td><td>부천시</td><td>옥길동, 계수동</td></tr>
<tr><td>옥길리 일부</td><td>광명시</td><td>옥길동</td></tr>
<tr><td>영종면永宗面</td><td>운남리, 운북리, 중산리, 운서리</td><td rowspan="2">인천 중구</td><td>운남동, 운북동, 중산동, 운서동</td></tr>
<tr><td>용유면</td><td>을왕리, 남북리, 덕교리, 무의리</td><td>을왕동, 남북동, 덕교동, 무의동</td></tr>
</table>

<table>
<tr><td>龍游面</td><td></td><td></td><td></td></tr>
<tr><td rowspan="2">덕적면德積面</td><td>진리, 울도리, 익포리, 우포리, 북리, 소야리, 문갑리, 백아리, 굴업리</td><td>인천 옹진군 덕적면</td><td>진리, 울도리, 서포리 일부, 서포리 일부, 북리, 소야리, 문갑리, 백아리, 굴업리</td></tr>
<tr><td>승봉리</td><td rowspan="2">인천 옹진군 자월면</td><td>승봉리</td></tr>
<tr><td rowspan="2">영흥면靈興面</td><td>자월리, 이작리</td><td>자월리, 이작리</td></tr>
<tr><td>선재리, 내리, 외리</td><td>인천 옹진군 영흥면</td><td>선재리, 내리, 외리</td></tr>
<tr><td>대부면大阜面</td><td>선감리, 풍도리, 동리, 남리, 북리</td><td>안산시 단원구</td><td>선감동, 풍도동, 대부동동, 대부남동, 대부북동</td></tr>
<tr><td>북도면北島面</td><td>장봉리, 신도리, 모도리, 시도리</td><td>인천 옹진군 북도면</td><td>장봉리, 신도리, 모도리, 시도리</td></tr>
</table>

■ 양주군 일제강점기 지적도

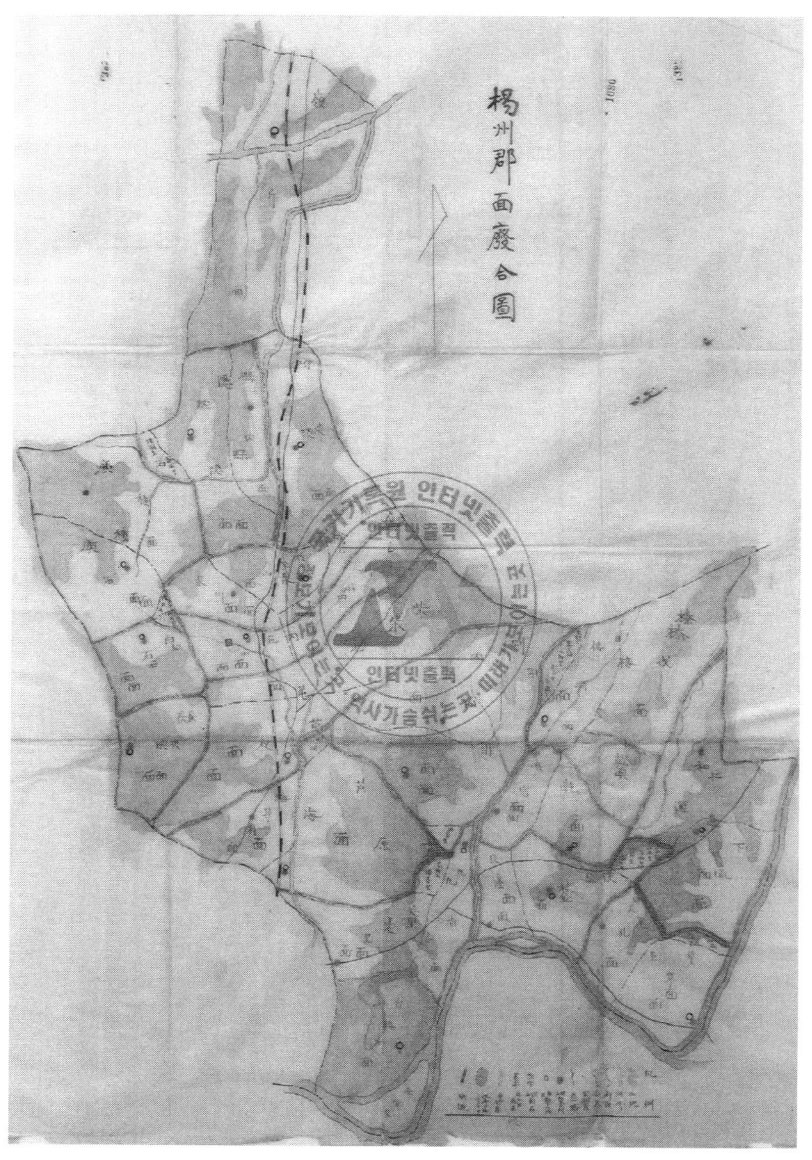

■ 양주군 1914년의 행정구역과 현재의 행정구역

1914년		현 재	
면	리	시구면	동·리
이담면伊淡面	동두천리, 하봉암리, 상봉암리, 안흥리, 보산리, 걸산리, 생연리, 광암리, 지행리, 송내리	동두천시	동두천동, 하봉암동, 상봉암동, 안흥동, 보산동, 걸산동, 생연동, 광암동, 지행동, 송내동
은현면隱縣面	상패리		상패동
	하패리, 용암리, 선암리, 운암리, 봉암리, 도하리	양주시 은현면	하패리, 용암리, 선암리, 운암리, 봉암리, 도하리
광적면廣積面	석우리, 덕도리, 효촌리, 가납리, 광석리, 우고리, 비암리	양주시 광적면	석우리, 덕도리, 효촌리, 가납리, 광석리, 우고리, 비암리
백석면白石面	방성리, 오산리, 홍죽리, 연곡리, 가업리, 복지리, 기산리 일부	양주시 백석읍	방성리, 오산리, 홍죽리, 연곡리, 가업리, 복지리, 기산리
	영장리, 기산리 일부	파주시 광탄면	영장리, 기산리
장흥면長興面	울대리, 부곡리, 일영리, 삼하리, 삼상리, 교현리, 석현리	양주시 장흥면	울대리, 부곡리, 일영리, 삼하리, 삼상리, 교현리, 석현리
주내면州	유양리, 남방리, 어둔리, 산북리, 마전리, 광사리, 만송리, 고읍리, 삼숭리	양주시	유양동, 남방동, 어둔동, 산북동, 마전동, 광사동, 만송동, 고읍동, 삼숭동

內面			
회천면檜泉面	회정리, 덕계리, 고암리, 회암리, 율정리, 옥정리, 덕정리, 봉양리		회정동, 덕계동, 고암동, 회암동, 율정동, 옥정동, 덕정동, 봉양동
시둔면柴芚面	자일리, 금오리, 가능리, 직동리, 녹양리, 낙양리, 민락리, 호원리, 의정부리, 용현리, 신곡리, 동오리, 장암리	의정부시	자일동, 금오동, 가능동 일부, 가능동 일부, 녹양동, 낙양동, 민락동, 호원동, 의정부동, 용현동, 신곡동, 장암동
별내면別內面	산곡리, 고산리		산곡동, 고산동[3]
	청학리, 용암리, 광전리	남양주시 별내면	청학리, 용암리, 광전리
	덕송리, 화접리	남양주시	별내동
	퇴계원리	남양주시 퇴계원읍	퇴계원리
진건면眞乾面	송능리, 용정리, 사능리, 신월리, 진관리, 배양리 일부	남양주시 진건읍	송능리, 용정리, 사능리, 신월리, 진관리, 배양리 일부
	팔현리, 오남리, 양지리	남양주시 오남읍	팔현리, 오남리, 양지리
진접면榛接面	진벌리, 팔야리, 금곡리, 부평리, 연평리, 장현리, 내각리, 내곡리	남양주시 진접읍	진벌리, 팔야리, 금곡리, 부평리, 연평리, 장현리, 내각리, 내곡리
	수산리	남양주시 수동면	수산리
화도면和道	운수리, 송천리, 지둔리		운수리, 송천리, 지둔리
	묵현리, 녹촌리, 창현리, 차산리, 마석우리, 금남리, 가곡리, 구암리, 답내리, 월산리	남양주시 화도읍	묵현리, 녹촌리, 창현리, 차산리, 마석우리, 금남리, 가곡리, 구암리, 답내리, 월산리

面			
와부면瓦阜面	능내리, 조안리, 진중리, 송촌리, 삼봉리, 시우리	남양주시 조안면	능내리, 조안리, 진중리, 송촌리, 삼봉리, 시우리
	율석리, 덕소리, 도곡리, 월문리, 팔당리	남양주시 와부읍	율석리, 덕소리, 도곡리, 월문리, 팔당리
미금면渼金面	도농리 · 지금리 · 가운리, 수석리, 일패리, 이패리, 삼패리, 금곡리, 평내리, 호평리	남양주시	도농동 · 지금동 · 다산동, 수석동, 일패동, 이패동, 삼패동, 금곡동, 평내동, 호평동
구리면九里面	인창리, 사노리, 교문리, 수택리, 토평리, 아천리, 갈매리	구리시	인창동, 사노동, 교문동, 수택동, 토평동, 아천동, 갈매동
	묵동리, 중화리, 상봉리, 신내리, 망우리	서울 중랑구	묵동, 중화동, 상봉동, 신내동, 망우동
노해면蘆海面	월계리, 공덕리, 하계리, 중계리, 상계리	서울 노원구	월계동, 공릉동, 하계동, 중계동, 상계동
	도봉리, 방학리, 쌍문리, 창동리	서울 도봉구	도봉동, 방학동, 쌍문동, 창동

예시한 고양군, 광주군, 김포군, 부천군, 양주군 외 우리나라 전체 행정구역을 일제가 통치하기 편리하도록 개편하였으며, 지명 또한 우리 민족의 정기를 말살하는 방향으로 일본식으로 지명을 변경하였고 현재까지 다수가 남아 있다.

이것이 현재 우리나라 행정구역의 근간이 되었으며, 1960년 이후 고도성장기와 인구 증가에 맞춰 행정구역을 수시로 변경하여 현재의 지명에 이르렀으며 아직도 일본식 잔재의 지명이 다수 존재하고 있다.

조상님 소유의 상속재산 소재지를 알기 위해서는 토지조사사업을 시행하여 확정된 토지조사부 작성 당시인 1914년 행정구역 지명 및 이후 변경된 지명을 알아야 한다.

조상 땅 찾기를 위해 가장 기초적인 자료로 등기부, 지적공부와 제적등본에 기재되어 있는 지명을 반드시 확인해야 한다.

02

토지(임야) 조사부

조상 땅 찾기 소송에서 가장 많이 인용하는 증거자료로서 대법원에서 권리추정력을 인정하고 있다.

경기도, 강원도, 경상남도(김해, 밀양), 경상북도(김천, 울진), 충청북도 지역은 대부분 남아있으나 타 지역은 대부분 소실되었다.

【출처 : 국가법령정보센터, 대법원종합법률정보, 국가기록원】

1906년 대한제국 칙령 제49호에 의해 행정구역이 현재의 도 · 군 · 면 단위로 확정되었으며 토지제도는 원칙적으로 국유지로서 토지의 근대적인 소유 관계가 없었다.

일제는 근대적 토지 소유권을 확립한다는 명분 하에 1910년 초에 대한제국에 토지조사국을 설치 토지조사사업의 단서를 확립하고 한일합방이 되자 조선총독부에 임시 토지조사국을 설치 1918년까지 시행한 대규모 조사사업으로 1914년 4월 25일 조선총독부령 제45호 토지대장규칙을 근거로 작성된 토지조사부의 확정된 소유권은 일제에 의해 이전의 소유와는 다른 원시취득의 소유로서 절대성을 부여받았으며, 토지 소유권 사정 작업은 소유자의 신고, 필지조사, 분쟁조사를 거쳐 소유자를 확정하는 사정 및 재결의 절차로 하였다.

경기도, 강원도, 경상남도(김해, 밀양), 경상북도(김천, 울진), 충청북도 지역은 대부분 남아 있으나 타 지역은 대부분 소실되었다.

토지조사령

[시행 1912. 8. 13.] [조선총독부제령 제2호, 1912. 8. 13., 제정]

제2조 ①토지는 종류에 따라 다음의 지목을 정하고 지반을 측량하여 1구역별로 지번을 부여한다. 다만, 제3호에 게기하는 토지에 대하여는 지번을 부여하지 아니할 수 있다.

1. 전, 답, 대지, 지소, 임야, 잡종지
2. 사사지(社寺地), 분묘지, 공원지, 철도용지, 수도용지
3. 도로, 하천, 구거, 제방, 성첩, 철도선로, 수도선로

②전항의 규정에 의하여 조사 및 측량하여야 하는 임야는 다른 조사 및 측량

지 간에 개재하는 것에 한한다.

제3조 지반의 측량에 대하여는 평 또는 보를 지적의 단위로 한다.

제4조 토지의 소유자는 조선총독이 정하는 기간 내에 그 주소, 성명 · 명칭 및 소유지의 소재, 지목, 자번호, 사표, 등급, 지적, 결수를 임시토지조사국장에게 신고하여야 한다. 다만, 국유지는 보관관청에서 임시토지조사국장에게 통지하여야 한다.

제5조 토지의 소유자 또는 임차인 기타 관리인은 조선총독이 정하는 기간 내에 그 토지의 사위의 강계에 표항을 세우고, 지목 및 자번호와 민유지에는 소유자의 성명 또는 명칭, 국유지에는 보관관청명을 기재하여야 한다.

제7조 토지의 조사 및 측량을 행함에 있어서 필요한 때에는 당해 관리는 토지의 소유자, 이해관계인 또는 대리인을 실지에 입회시키거나 토지에 관한 서류를 소지한 자에 대하여 그 서류의 제출을 명할 수 있다.

제9조 ①임시토지조사국장은 지방토지조사위원회에 자문하여 토지 소유자 및 그 강계를 사정한다.

②임시토지조사국장은 전항의 사정을 하는 때에는 30일간 이를 공시한다.

제10조 전조제1항의 사정은 제4조의 규정에 의한 신고 또는 통지 당일의 현재에 의하여 행한다. 다만, 신고 또는 통지를 하지 아니한 토지에 대하여는 사정 당일의 현재에 의한다.

제11조 제9조제1항의 사정에 대하여 불복하는 자는 동조제2항의 공시기간 만료 후 60일 내에 고등토지조사위원회에 제기하여 재결을 받을 수 있다. 다만, 정당한 사유 없이 제7조의 규정에 의한 입회를 하지 아니한 자는 그러하지 아니하다.

제14조 고등토지조사위원회에서 재결을 하는 때에는 재결서의 등본을 첨부하여 임시토지조사국장 및 지방관청에 통지한다.

제15조 토지 소유자의 권리는 사정의 확정 또는 재결에 의하여 확정한다.

제16조 사정으로써 확정된 사항 또는 재결을 거친 사항에 대하여는 다음의 경우에 사정을 확정하거나 재결한 날부터 3년 내에 고등토지조사위원회에 재심을 제기할 수 있다. 다만, 벌에 처할만한 행위에 대한 판결이 확정 되는 때에 한한다.

제17조 임시토지조사국은 토지대장 및 지도를 작성하여 토지의 조사 및 측량에 대한 사정으로 확정하는 사항 또는 재결을 거치는 사항을 등록한다.

부 칙 〈조선총독부제령 제2호, 1912. 8. 13.〉

①이 영은 공포일부터 시행한다.

일제는 근대적 임야소유권을 확립한다는 명분하에 1916년부터 법적 근거 없이 도 장관에 의해 임야조사사업이 진행하다 조선임야조사령 이후 조선총독부에 임시 임야조사국을 설치 1919년부터 1935년까지 시행한 대규모 조사사업으로 1920년 8년 20일 조선총독부 제113호로 임야대장규칙을 근거로 작성된 임야조사부의 확정된 소유권은 일제에 의해 이전의 소유와는 다른 원시취득한 소유로서 절대성을 부여받았으며, 임야소유권 사업작업은 토지와 마찬가지로 소유자의 신고, 필지조사, 분쟁조사를 거처 소유자를 확정하는 사정 및 재결의 절차로 하였다.

경기도, 강원도(원주), 경상남도(김해, 밀양) 지역은 대부분 남아 있으나 타 지역은 대부분 소실되었다.

조선 임야조사령

[시행 1918. 5. 1] [조선총부부제령 제5호, 1918. 5. 1 제정]

제3조 ①임야의 소유자는 도장관이 정하는 기간 내에 성명 또는 명칭, 주소와 임야의 소재 및 지적을 부윤 또는 면장에게 신고하여야 한다.

②국유임야에 대하여 조선총독이 정하는 연고를 가진 자는 전항의 규정에 준하여 신고하여야 하며, 이 경우에는 그 연고도 신고하여야 한다.

③전항의 규정에 의한 연고자가 없는 국유임야에 대하여는 보관관청이 조선총독이 정하는 바에 의하여 제1항에 규정하는 사항을 부윤 또는 면장에게 통지하여야 한다.

제4조 ①부윤 또는 면장은 조선총독이 정하는 바에 의하여 임야의 조사 및 측량을 행하여 임야 조사서 및 도면을 작성하고 전조의 규정에 의한 신고서 및 통지서를 첨부하여 도장관에게 제출하여야 한다.

②부면은 전항의 조사 및 측량을 위하여 필요한 비용을 부담하여야 하며 이 경우에는 조선총독이 정하는 바에 의하여 임야의 소유자 또는 국유임야의 연고자에게 그 비용을 부과할 수 있다.

제6조 임야의 조사 및 측량을 위하여 필요한 때에는 부윤 또는 면장은 임야의 소유자, 국유임야의 연고자, 이해관계인 또는 그 대리인에게 실지에 입회하게 하거나 조사 상 필요한 서류를 소지한 자에 대하여 그 서류의 제출을 명할 수 있다.

제8조 ①도장관은 임야의 소유자 및 그 경계를 사정한다.

②도장관은 사정상 필요하다고 인정되는 때에는 재차 임야의 조사 및 측량을 행할 수 있다.

④도장관은 제1항의 규정에 의한 사정을 한 때에는 30일간 이를 공시한다.

제9조 전조 제1항의 규정에 의한 사정은 제3조의 규정에 의한 신고 또는 통지 당일에 이를 하여야 한다. 다만, 신고 또는 통지를 하지 아니한 임야에 대하여는 사정 당일 현재에 의한다.

제10조 1908년 법률 제1호 삼림법 제19조의 규정에 의한 지적 신고를 하지 아니

하여 국유로 귀속된 임야는 구 소유자 또는 그 상속인의 소유로 하여 사정하여야 한다.

제11조 제8조제1항의 규정에 의한 사정에 대하여 불복하는 자는 동조 제4항에 정하는 공시기간 만료 후 60일 내에 임야조사위원회에 신고하여 재결을 청구할 수 있다. 다만, 정당한 사유 없이 제6조의 규정에 의한 입회를 하지 아니한 자는 그러하지 아니하다.

제12조 임야조사위원회는 당사자, 이해관계인, 증인 또는 감정인을 소환하거나 재결을 하는데 필요한 서류를 소지한 자에 대하여 그 서류의 제출을 명할 수 있다.

제13조 ①임야조사위원회의 재결은 이유를 첨부하여 문서로써 이를 행하며 그 동본을 불복 신고인에게 교부하여야 한다.

②전항의 재결은 공시한다.

제14조 임야조사위원회에서 재결을 한 때에는 재결서의 등본을 첨부하여 도장관에게 통지하여야 한다.

제15조 임야 소유자의 권리는 사정의 확정 또는 재결에 의하여 확정된다.

제16조 사정에 의하여 확정된 사항 또는 재결을 거친 사항에 대하여는 다음 각호의 경우에 사정이 확정되거나 재결이 있은 날부터 3년 내에 임야조사위원회에 재심 신청을 할 수 있다. 다만, 벌을 받을만한 행위에 대한 판결의 확정 또는 증거부족 외의 이유로 형사소송수속의 개시 또는 실행할 수 없는 경우에 한한다.

제17조 도장관은 임야대장 및 임야도를 작성하여 제8조제1항의 규정에 의한 사정에 의하여 확정된 사항 또는 제11조의 규정에 의한 재결을 거친 사항을 등록하여야 한다.

부　　칙 〈조선총독부제령 제5호, 1918. 5. 1.〉

①이 영은 1918년 5월 1일부터 시행한다.

토지조사부와 관련한 대법원 등기예규의 주요 내용은 다음과 같다.

토지조사부의 소유자란에의 등재와 토지지번을 받은 자라는 추정 및 토지사정과 소유권의 원시취득

제정 1984. 1. 24. [등기예규 제503호, 시행]

토지조사령에 의하여 토지조사부에 소유자로 등재되어 있는 자는 이의, 재심절차에 의하여 사정내용이 변경되지 않는 한 그 토지의 소유자로 사정받은 것으로 볼 것이다. 토지조사령에 의한 토지사정을 받은 자는 그 토지를 원시적으로 취득한다.

(84.1.24.선고83다카1152판결)

토지조사부나 임야조사부를 등사하여 한지부책식 구 토지(임야)대장을 제작하였고 이를 근거로 구 토지(임야) 등기부를 제작하였다. 이후 소유권에 대해서는 등기부 우선주의를 채택하여 소유자 변동이 있을 경우에는 등기부를 근거로 대장의 소유자를 변경하였다. 조상 땅 찾기 소송에서 가장 많이 인용하는 증거자료로서 대법원에서 권리추정력을 인정하고 있다.

토지조사위원회나 임야조사위원회에서 재결한 총독부관보 자료는 대법원에서 권리추정력을 인정하고 있지 않다.

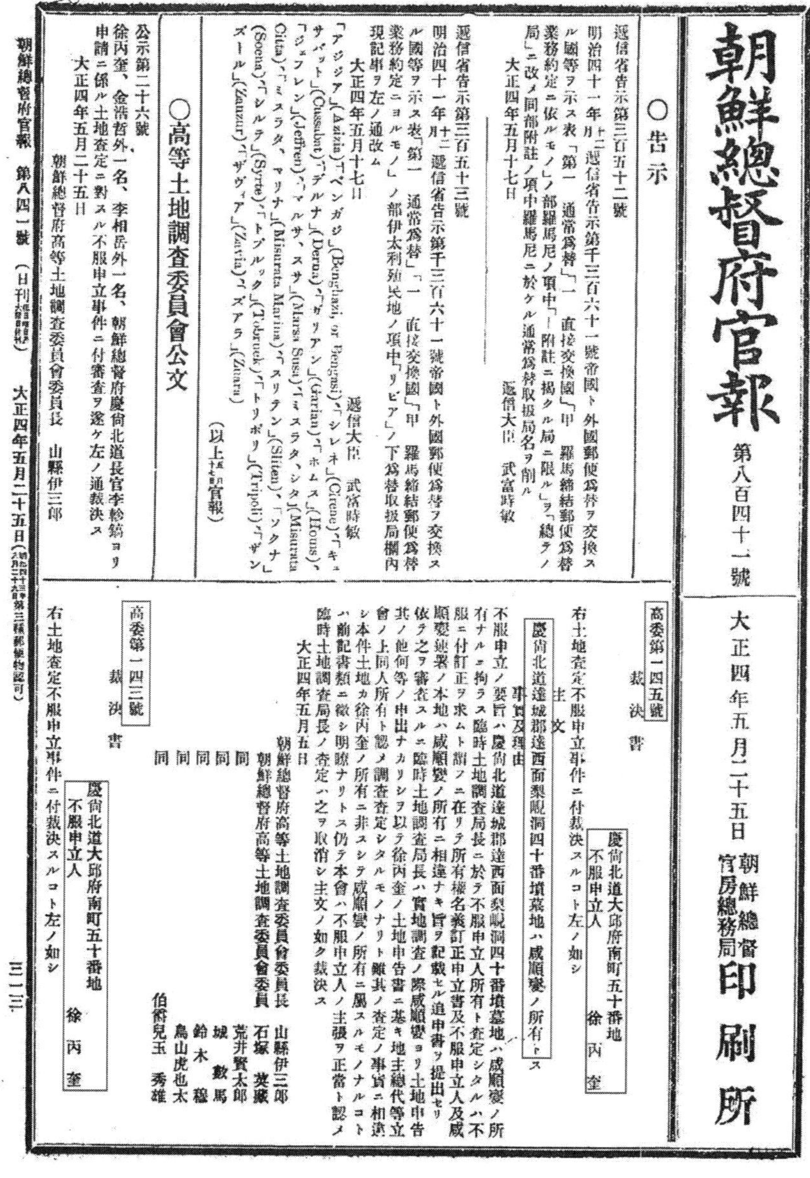

朝鮮總督府官報

第八百四十一號

大正四年五月二十五日

朝鮮總督官房總務局印刷所

○告示

遞信省告示第三百五十二號

明治四十一年十二月遞信省告示第千三百六十一號帝國ト外國郵便爲替ヲ交換スル國等ヲ示ス表「第一　通常爲替」「一　直接交換國」「甲　羅馬締結郵便爲替業務約定ニ依ルモノ」ノ部羅馬尼ノ項中「一附註ニ掲クル局ニ限ル」ヲ「總テノ局」ニ改メ同部附註ノ項中羅馬尼ニ於ケル通常爲替取扱局名ヲ削ル

大正四年五月十七日

遞信大臣　武富時敏

遞信省告示第三百五十三號

明治四十一年十二月遞信省告示第千三百六十一號帝國ト外國郵便爲替ヲ交換スル國等ヲ示ス表「第一　通常爲替」「一　直接交換國」「甲　羅馬締結郵便爲替業務約定ニヨルモノ」ノ部伊太利殖民地ノ項中「リビア」ノ下爲替取扱局欄内現記事ヲ左ノ通改ム

大正四年五月十七日

遞信大臣　武富時敏

「アジジア」(Azizia)「ベンガジ」(Benghazi, or Bengasi)「シレネ」(Cirene)「キュサバット」(Cussabat)「デルナ」(Derna)「ガリアン」(Garian)「ホムス」(Homs)「ジェフレン」(Jeffren)「マルサ、スサ」(Marsa Susa)「ミスラタ、シタ」(Misurata Citta)「ミスラタ、マリナ」(Misurata Marina)「スリテン」(Sliten)「ソクナ」(Socna)「シルテ」(Syrte)「トブルック」(Tobruck)「トリポリ」(Tripoli)「ザンズール」(Zanzur)「ザヴィア」(Zavia)「ズアラ」(Zuara)

(以上五月十七日官報)

○高等土地調査委員會公文

公示第二十六號

徐丙奎、金洪哲外一名、李相岳外一名、朝鮮總督府慶尙北道長官李軫鎬ヨリ申請ニ係ル土地査定ニ對スル不服申立事件ニ付審査ヲ遂ケ左ノ通裁決ス

大正四年五月二十五日

朝鮮總督府高等土地調査委員會委員長　山縣伊三郎

高委第一四五號

裁決書

慶尙北道大邱府南町五十番地
不服申立人　徐丙奎

右土地査定不服申立事件ニ付裁決スルコト左ノ如シ

主文

慶尙北道達城郡達西面梨峴洞四十番墳墓地ハ咸順變ノ所有トス

事實及理由

不服申立ノ要旨ハ慶尙北道達城郡達西面梨峴洞四十番墳墓地ハ咸順變ノ所有ナルニ拘ラス臨時土地調査局長ニ於テ不服申立人所有ト査定シタルハ不服ニ付訂正ヲ求ムト謂フニ在リテ所有權名義訂正申立書及不服申立人及咸順變連署ノ本地ハ咸順變ノ所有ニ相違ナキ旨ヲ記載セル追申書ヲ提出セリ依テ之ヲ審査スルニ臨時土地調査局長ハ實地調査ノ際咸順變ヨリ土地申告其ノ他何等ノ申出ナカリシヲ以テ徐丙奎ノ土地申告書ニ基キ地主總代等立會ノ上同人所有ト認メ調査査定シタルモノナリト雖其ノ査定ノ事實ニ相違シ本件土地カ徐丙奎ノ所有ニ非スシテ咸順變ノ所有ニ屬スルモノナルコトハ前記書類ニ徵シ明瞭ナリトス仍テ本會ハ不服申立人ノ主張ヲ正當ト認メ臨時土地調査局長ノ査定ハ之ヲ取消シ主文ノ如ク裁決ス

大正四年五月五日

朝鮮總督府高等土地調査委員會委員長　山縣伊三郎
朝鮮總督府高等土地調査委員會委員　石塚英藏
同　荒井賢太郎
同　城數馬
同　鈴木穆
同　鳥山虎也太
同　伯爵兒玉秀雄

高委第一四三號

裁決書

慶尙北道大邱府南町五十番地
不服申立人　徐丙奎

右土地査定不服申立事件ニ付裁決スルコト左ノ如シ

主文

慶尙北道達城郡嘉昌面友鹿洞千七十三番垈ハ徐丙奎ノ所有トス

事實及理由

不服申立ノ要旨ハ慶尙北道達城郡嘉昌面友鹿洞千七十三番垈ハ不服申立人ノ所有ナルニ拘ラス臨時土地調査局長ニ於テ禹台奉ノ所有ト査定シタルハ不服ニ付訂正ヲ求ムト謂フニ在リ而シテ其ノ證據書類トシテ土地所有權保存證明濟證寫及査定名義人禹台奉ノ名義訂正承諾書ヲ提出セリ

依テ之ヲ審査スルニ臨時土地調査局長ハ實地調査ノ際不服申立人ヨリ土地ノ申告其他何等ノ申出ナカリシヲ以テ禹台奉ノ土地申告書ニ基キ地主總代等立會ノ上同人ノ所有ト認メ調査査定シタルモノナリト雖其ノ査定ノ事實ニ相違シ本件土地カ禹台奉ノ所有ニ非スシテ徐丙奎ノ所有ニ屬スルモノナルコトハ前記書類ニ徵シ明瞭ナリトス仍テ本會ハ不服申立人ノ主張ヲ正當ト認メ臨時土地調査局長ノ査定ハ之ヲ取消シ主文ノ如ク裁決ス

大正四年五月五日

朝鮮總督府高等土地調査委員會委員長　山縣伊三郎

朝鮮總督府高等土地調査委員會委員　石塚　英藏

同　荒井賢太郎

同　城　數馬

同　鈴木　穆

同　鳥山虎也太

同　伯爵兒玉　秀雄

大正四年高委第一八五號

裁決書

慶尙北道達城郡玉浦面江林洞十統四戸

不服申立人　金　浩　哲

同道同郡同面同洞二統七戸

同　金　鍾　運

右土地査定不服申立事件ニ付裁決スルコト左ノ如シ

主文

慶尙北道達城郡論工面金圃洞二千八十九番畓ト二千九十番畓トノ疆界ハ別紙圖面（イ）、（ロ）、（ト）、（チ）線トス

事實及理由

不服申立ノ要旨ハ慶尙北道達城郡論工面金圃洞二千八十九番畓ハ大正三年八月十日金浩哲カ前所有者金生喆ヨリ贈與ヲ受ケタル土地ニシテ隣地二千九十番畓トノ疆界ハ別紙圖面（イ）、（ロ）、（ト）、（チ）線ノ通ナルニ臨時土地調査局長ハ之ヲ（イ）、（ロ）、（ハ）、（ニ）（ホ）、（ヘ）線ノ通査定シタルヲ以テ訂正ヲ求ムト謂フニ在リテ雙方連署ノ訂正圖面ヲ添附シタル疆界誤謬訂正申立書ヲ提出セリ

依テ之ヲ審査スルニ臨時土地調査局長ハ實地調査ノ際地主總代等立會ノ上本件二千八十九番畓ト二千九十番畓トノ疆界ヲ別紙圖面（イ）、（ロ）、（ハ）、（ニ）、（ホ）、（ヘ）ノ線ト認メ調査査定シタルモノナリト雖其ノ査定ノ事實ニ相違シ右疆界カ別紙圖面（イ）、（ロ）、（ト）、（チ）ノ線ナルコトハ前記書類ニ徵シ明瞭ナリトス仍テ本會ハ不服申立人ノ主張ヲ正當ト認メ臨時土地調査局長ノ査定ハ之ヲ取消シ主文ノ如ク裁決ス

大正四年五月五日

朝鮮總督府高等土地調査委員會委員長　山縣伊三郎

朝鮮總督府高等土地調査委員會委員　石塚　英藏

同　荒井賢太郎

同　城　數馬

同　鈴木　穆

同　鳥山虎也太

同　伯爵兒玉　秀雄

達城郡論工面金圃洞

二〇八九番

二〇九〇番

イ　ロ　ハ　ニ　ホ　ヘ　ト　チ

1/1200

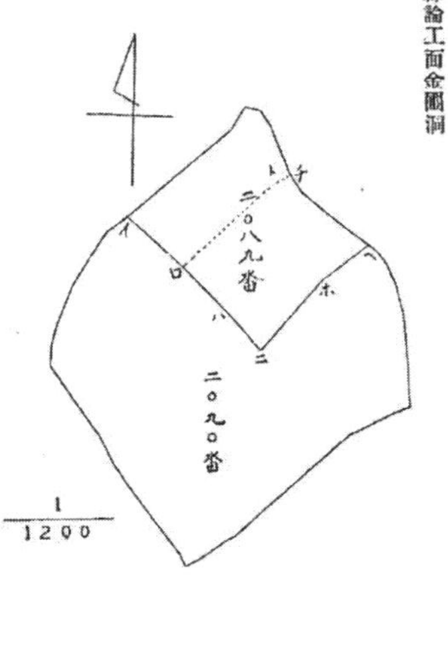

朝鮮總督府官報 第千五百五號

大正六年八月九日 朝鮮總督府官房總務局印刷所

○高等土地調查委員會公文

告示第二十六號

[illegible]

右不服申立事件ニ付大正六年六月十五日裁決セリ裁決書ノ謄本ハ一般ノ縱覽ニ供スルヲ以テ高等土地調查委員會又ハ土地所在ノ府郡島廳ニ就キ閱覽スヘシ

大正六年八月九日

朝鮮總督府高等土地調查委員會委員長 山縣伊三郎

○地方廳公文

朝鮮總督府忠淸南道警務部令第一號

傳染病豫防令第二條ニ基キ赤痢、腸チフスニ疑ハシキ疾病（[illegible]）ニ對シ同令ノ全部ヲ適用ス

附則

本令ハ發布ノ日ヨリ之ヲ施行ス

大正六年八月二日 朝鮮總督府忠淸南道警務部長 榊田長平

朝鮮總督府平安南道警務部令第四號

傳染病豫防令第二條ニ依リ赤痢、腸チフス、パラチフス、デフテリア、ノ疑アル疾病（[illegible]）ニ對シ同令ノ全部ヲ適用ス

附則

本令ハ發布ノ日ヨリ之ヲ施行ス

大正六年八月五日 平安南道警務部長 龍元夫郞

○敍任及辭令

○大正六年八月七日

任朝鮮總督府遞信書記 給九級俸

朝鮮總督府遞信書記補 [illegible]

朝鮮總督府官報

第千五百十八號

大正六年八月二十四日　朝鮮總督府官房總務局印刷所

○府令

朝鮮總督府令第五十六號

大正元年朝鮮總督府令第四十四號中左ノ通改正ス

大正六年八月二十四日　朝鮮總督　伯爵長谷川好道

第一條中「鐵道局長官」ヲ「鐵道局長」ニ改メ「一　鐵道局出張所長」及「一　鐵道局建設事務所長」ヲ削ル

附　則

本令ハ發布ノ日ヨリ之ヲ施行ス

○高等土地調査委員會公文

公示第三十七號

番號	種別	土地ノ所在	地番	地目	不服申立人ノ住所氏名
大正六年 四六五	所有權	忠清南道保寧郡鰲川面元山里	一三六八	垈	忠清南道長官　上林敬次郎
五七九	境界	同孝子島里ノ内孝子島	三三六〇	田垈	保寧郡鰲川面孝子島里　[illegible]
五八〇	同	同	三三六二	田	同　金[illegible]玉
五八一	同	同	三三六四一	同	同　吳性日
五八二	同	同元山島里	三三二〇一〇	同	同元山島里　金學元
五八三	同	同	三三二〇九	同	同　金[illegible]實
大正五年 九四六	一部所有權	[illegible]長方里外一箇所	八七 外二六筆	鐵道用地	鐵道局長官工學博士　大屋權平
大正四年 二一九	一部所有權 境界	同密陽郡下東面[illegible]里外八箇所	一四 外四五筆	田、垈、畓、道路用地、林	同
一五三九	一部所有權	同梁山郡東面梁山里外六箇所	一二三八 外八一筆	田、畓、林野、雜種地、池沼	同
九九四	所有權	慶尚北道[illegible]外六箇所	六一〇 外八〇筆	池沼	朝鮮總督府郡守　朱[illegible]
大正五年 五九五三	一部所有權	平安南道[illegible]陽谷面[illegible]外四箇所	五 外三十三筆	畓、田、林野	鐵道局長官工學博士　大屋權平
六四六一	同	同[illegible]九龍里	七二六	雜種地	[illegible]　金東植 外一名
六八四三	同	同大代面[illegible]里	九〇八	林野	[illegible]井町　[illegible]
二〇七九	所有權	同江西郡[illegible]里 外一箇所	四七〇 外四筆	畓田	平壤府[illegible]代理人　[illegible]
大正六年 一四四七	同	全羅北道南原郡[illegible]	五三三	畓	全羅南道谷城郡谷城面邑內里　尹[illegible]
一四五四	同	同南原面[illegible]里	二八八	田	南原郡南原面[illegible]里　金九[illegible]
四二三一	一部所有權	同大山面新興里	四四〇	畓	同大山面新興里　金正[illegible]
五九五	所有權	同[illegible]里	一六四	同	京城府黃金町二丁目 東洋拓殖株式會社代表者總裁　石塚英藏
七〇八	同	同[illegible]里	二六四	同	同
大正五年 七二七九	一部所有權	同[illegible]木川里	四一五	同	[illegible]　[illegible]
七二九三	同	同	一〇九八	同	同
六一八五 外四件	一部所有權	同[illegible]外三箇所	二二一五 外六筆	林野	東京府[illegible]代理人　鈴木[illegible] 外四名
六二六六	所有權	同五山面[illegible]里	四五五 四五六	田 垈	[illegible]　[illegible]
大正三年 三四五	境界	京城府西小門町	四六 四七	垈	京城府西大門町二丁目 [illegible]人 エフ、カーラタキー

右不服申立事件ニ付大正六年六月二十七日裁決セリ裁決書ノ謄本ハ一般ノ縱覽ニ供スルヲ以テ高等土地調査委員會又ハ土地所在ノ府郡島廳ニ就キ閲覽スヘシ

大正六年八月二十四日

朝鮮總督府高等土地調査委員會委員長　山縣伊三郎

○地方廳公文

朝鮮總督府慶尚北道警務部告示第四號

貸座敷娼妓取締規則第三條ニ依リ貸座敷營業地域ヲ左ノ通指定ス

一、慶尚北道大邱府七星町左記圖面表示ノ場所

大正五年五月十七日朝鮮總督府慶尚北道警務部告示第一號貸座敷營業地域指定ノ件ハ大正十一年八月十五日限リ之ヲ廢止ス

大正六年八月十六日

朝鮮總督府慶尚北道警務部長　服部米次郎

（圖面省略）

朝鮮總督府官報　第一五一八號　（日刊）　大正六年八月二十四日

二五五

朝鮮總督府官報

第四千六十六號

大正十五年三月十二日　金曜日

○告示

朝鮮總督府告示第六十八號

大正十四年朝鮮總督府告示第百四十三號朝鮮國有鐵道貨物特定賃率表中局線內特定賃率ノ部深川、永同發纛浦著石灰原石ノ項ヲ削除ス

大正十五年三月十二日

朝鮮總督　子爵齋藤實

遞信省告示第三百九十二號

大正十四年九月遞信省告示第千四百四十號外國小包郵便料金表第三　備考中左ノ通改正ス

大正十五年三月一日

遞信大臣　安達謙藏

一　第九號中佛領印度支那ノ項ノ次ニ左ノ一項ヲ加フ

佛領印度殖民地	到着後七日目ヨリ三十日目迄ハ一日ニ「カッシュ」、三十一日目ヨリ六十日目迄ハ一「ファノン」、六十一日目ヨリハ二「ファノン」但シ一面ノ寸尺六〇「センチメートル」ヲ超ユル小包ハ上記ノ料金ノ二倍

一　第十一號中「佛蘭西」ノ下括弧內「二四金山」ヲ「四〇金山」ニ改ム

遞信省告示第三百九十七號

大正十四年九月遞信省告示第千四百四十號外國小包郵便料金表第一　郵便料金ノ部中「ソヴィエト」聯邦亞細亞露西亞及歐羅巴露西亞ノ項ヲ左ノ通改正ス

大正十五年三月一日

遞信大臣　安達謙藏

	「ソヴィエト」聯邦 (Union of Soviet Socialist Republics) 亞細亞露西亞 (Russia in Asia)	歐羅巴露西亞 (Russia in Europe)
(一) 名宛國	亞細亞露西亞	歐羅巴露西亞
(二) 種別	英國小包	英國小包
(三) 經由國	英國	英國
(四) 英京郵船	(蘇士經由)郵船	(蘇士經由)郵船
郵便料　聯合條約ニ依ルモノ (五) 二百六十六匁(一キログラム)迄		
郵便料　聯合條約ニ依ルモノ (六) 一貫三百三十三匁(五キログラム)迄		
郵便料　特別條約ニ依ルモノ (七) 三百六十三匁(三封度)迄	三・一〇	二・四三
郵便料　特別條約ニ依ルモノ (八) 八百四十七匁(七封度)迄	三・六〇	二・九〇
郵便料　特別條約ニ依ルモノ (九) 一貫三百三十一匁(十一封度)迄	四・〇〇	三・三〇
(一〇) 小包各個ニ要スル稅關告知書ノ枚數	三	三
(一一) 同一差出人ヨリ同一人ニ宛テタル普通小包二箇又ハ三箇ニ付其ノ一箇ニ要スル稅關告知書ノ枚數ヲ使用スルコト		
價格表記 (一二) 金額制限		
價格表記 (一三) 表記料(三百法又ハ其ノ端數每ニ)		
(一四) 代金引換金額制限		
(一五) 到達證		
(一六) 別配達		
(一七) 附註	「ソヴィエト」聯邦宛小包ニハ差出人ノ同形ナル特殊ノ記號又ハ印影ヲ有スル同一ノ封蠟、鉛封又ハ其ノ他ノ方法ヲ以テ封緘スルニ非サレハ名宛國ノ稅關規則ニ依リ輸入ヲ許サレサルヘシ	

(以上官報)

○林野調查委員會公文

公示第二十八號

林委番號	種別	土地所在	地番	地目	不服申立人住所氏名
大正十年 六八四三	所有權	慶尙南道泗川郡昆陽面興士里	山 九四	林野	慶尙南道泗川郡昆陽面興士里 金有明
八二五七	同	同里	(山)一二六	同	同道釜山府本町二丁目 追間房太郎
		同郡昆明面作八里	(山)一二八		
九三六五	同	同郡西浦面金津里	山 一〇三	同	同府南濱町一丁目 品川[illegible]
九八六二	同	同面舞鼓里	山 一五	同	同道河東郡玉東面北芳里 李乘鉉
一〇〇六七	同	同郡邑東面禮樹里	山 三	同	同道泗川郡邑東面古邑里睦英宇 右相續人 睦駿根
一〇〇七八	同	同郡昆陽面興士里	山 七〇	同	同郡昆陽面默谷里 鄭其義
一〇三七八	同	同郡三千浦面東里	山 一五	同	同郡三千浦面西里 板東惠太郎
一〇二八五	同	同郡昆明面助場里	山 五一	同	同郡昆明面楸川里李鎭來 右相續人 李鎬九
一四二一七	同	同道東萊郡鼎冠面斗明里	山 七七	同	同道東萊郡鼎冠面斗明里 金碩根
一四二五一	同	同郡日光面龍川里	山 六七	同	同郡日光面龍川里 鄭寅栻

朝鮮總督府官報

第二千六百八十二號

昭和十年十二月二十日　金曜日

○告示

朝鮮總督府告示第七百三十八號

朝鮮國有鐵道貨物運賃ニ付左ノ通割引ス

昭和十年十二月二十日

朝鮮總督　宇垣一成

一　品名　普通品

二　發驛　上仁川

三　著驛　龍山

四　扱種別　車扱

五　賃率　一噸ニ付　一圓四十五錢

六　期間　自昭和十一年一月一日 至昭和十一年六月三十日

七　記事

イ　本貨物ハ一噸ニ付一圓七十四錢ニテ取扱ヒ二千五百噸以上ヲ託送シタル者ニ對シ既收運賃ト本賃率ニ依ル運賃トノ差額ヲ割戻スモノトス

ロ　本貨物ハ一個ノ長十米、重量三噸又ハ容積十五立方米ヲ超エザルモノニ限ル

ハ　本貨物ハ一口中ニ十品目(貨物普通等級表上)以上ヲ混載シ且各品目ノ數量ハ四噸ヲ超エザルコトヲ要ス但シ一品目ニ限リ八噸迄積載スルコトヲ得

ニ　本貨物ニ對スル運賃計算最低噸數ハ十五噸トス

ホ　本告示所定ノ條件ヲ具備セザルモノヲ本貨物トシテ託送シタル場合ハ朝鮮國有鐵道貨物運送規則第八十八條及第八十九條ノ規定ヲ準用ス

○林野調査委員會公文

公示第七十五號

林委再審號	申立種別	土地所在	地番	地目	再審申立人住所氏名
大正十五年 一六	所有權	平安南道大同郡龍山面大臨洲里	山八七	林野	平安南道大同郡龍山面大臨洲里 李應贊 右相續人 李九喆

右再審申立事件ニ付昭和十年十月三十日裁決セリ裁決書ノ謄本ハ一般ノ縱覽ニ供スルヲ以テ林野調査委員會又ハ土地所在ノ郡廳ニ就キ閲覽スベシ

昭和十年十二月二十日

朝鮮總督府林野調査委員會委員長　今井田淸德

公示第七十六號

林委再審號	申立種別	土地所在	地番	地目	再審申立人住所氏名
大正十二年 四	所有權	京畿道楊州郡白石面[illegible]山里	山一五五	林野	京畿道京城府嘉會洞百四十七番地 鄭基[illegible]
昭和六年 二三	同	同道開豊郡西面[illegible]浦里	山二四	同	同道龍仁郡[illegible]三[illegible]里 許　桂
同九年 一四	一部所有權	同道開城府滿月町	山一一	同	同道開城府元町三百五十五番地 李永[illegible]外四人

右再審申立事件ニ付昭和十年十月三十日裁決セリ裁決書ノ謄本ハ一般ノ縱覽ニ供スルヲ以テ林野調査委員會又ハ土地所在ノ郡廳ニ就キ閲覽スベシ

昭和十年十二月二十日

朝鮮總督府林野調査委員會委員長　今井田淸德

公示第七十七號

林委再審號	申立種別	土地所在	地番	地目	再審申立人住所氏名
大正十五年 二七	所有權	咸鏡南道利原郡西面松山里	山四	林野	咸鏡南道利原郡西面[illegible]里 殷始化外十九人
昭和十年 九	一部所有權	同道定平郡文山面東川里	山一四五	同	同道定平郡文山面東川里 韓周元
同九年 一六	同	同道北靑郡居山面浦項里	山一	同	同道北靑郡居山面浦項里 崔承俊
大正十三年 四一	所有權	同郡泥谷面中里	山三〇一	同	同郡泥谷面中里 同郡[illegible]里居住 [illegible]外四人

右再審申立事件ニ付昭和十年十月三十日裁決セリ裁決書ノ謄本ハ一般ノ縱覽ニ供スルヲ以テ林野調査委員會又ハ土地所在ノ郡廳ニ就キ閲覽スベシ

昭和十年十二月二十日

朝鮮總督府林野調査委員會委員長　今井田淸德

公示第七十八號

林委再審號	申立種別	土地所在	地番	地目	再審申立人住所氏名
昭和五年 二一	所有權	慶尙南道咸陽郡馬川面九楊里	山四	林野	慶尙南道咸陽郡馬川面九楊里 金甲培

高陽郡延禧面南加佐里

土地調査簿

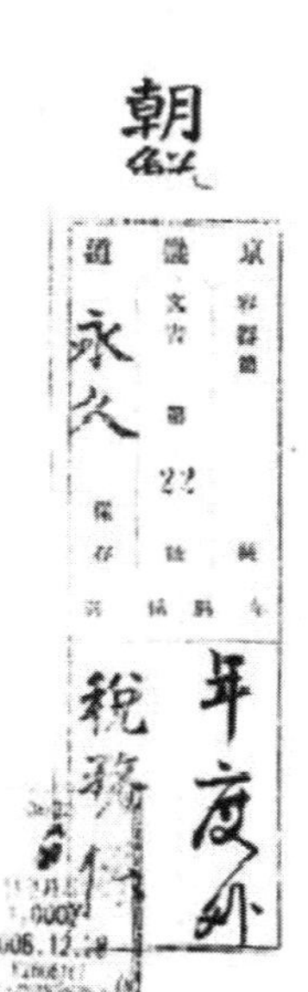

0228

土地調査簿

高陽郡 延禧面 [illegible]里

地番	假地番	地目	地積	申告又ハ通知年月日	住所	氏名又ハ名稱	摘要
一	一	田	四二	大正[illegible]年一月十日	恩平面弘濟院洞	朴龍錫	
二	二	田	二七〇	〃	京城府西部仁達坊[illegible]洞	嚴賜祚	
三	四	田	二二五	〃	[illegible]	[illegible]	
四	五	田	五四三	〃	[illegible]	洪台杓	
五	一三	田	[illegible]	〃	京城府西部仁達坊杏林峴	金奉旋	
六	一二	畓	三九四	〃	京城府南部大坪坊下[illegible]洞	張斗鉉	
七	六	畓	二四八	〃	同上	同上	
八	三	田	八〇二	〃	同上	同上	
九	八	畓	四八七八	[illegible]	[illegible]	[illegible]	
一〇	七	田	三三二四	一月十日	京城府西部[illegible]	安[illegible]鉉	
一一	九	田	二八五	〃	京城府北部順化坊青楓溪	金振聲	
一二	一〇	田	[illegible]	[illegible]	[illegible]	[illegible]	
一三	二一	田	六一九	〃	同上	同上	
一四	一九	田	一三二	一月十日	京城府[illegible]公洞	朴元五	
一五	二〇	畓	二二四	〃	同上	同上	
一六	二二	畓	[illegible]	[illegible]	[illegible]	[illegible]	
一七	二三	畓	四九	一月十日	恩平面末屹山	裵敬業	
一八	二八	畓	五三三	〃	京城府南部廣通坊[illegible]洞	李青來	
一九	二五	田	六七	〃		金順澤	
二〇	二九	畓	一〇三〇	[illegible]	[illegible]	[illegible]	
二一	三〇	畓	一二六五	一月十日	京城府中部[illegible]洞	鄭仁好	
二二	二四	田	三九	〃	同上	同上	
二三	三一	畓	二一三四	〃	京城府南部大坪坊下[illegible]洞	張斗鉉	

臨時土地調査局

0229

(土地調査簿用紙) 甲

高陽郡延禧面老姑山里

土地調査簿

朝鮮

京畿道

容器第 號

文書第 22 號

永久 保存

年別 係別

年度外

税務係

0319

土地調査簿

高陽郡 延禧面 老姑山里

地番	假地番	地目	地積	申告又ハ通知年月日	所有者 住所	所有者 氏名又ハ名稱	摘要
一	一二	田	一四四	大正二年三月一日	大峴洞	具淳得	
二	一二	田	二六〇	[illegible]	同上	宋完植	
三	一	墳墓地	三三五	[illegible]	[illegible] 郭家洞	郭奉鉉	
四	二二	田	四七〇	[illegible]	同上	同上	
五	一〇	田	四四八	[illegible]	京城府西部盤松坊阿峴[illegible]	金教聲	
六	二〇	田	一九一一	[illegible]	同上	盧永俊	
七	二六	田	一〇二〇	[illegible]	大峴洞	朴東燁	
八	二七	田	九三六	[illegible]	京城府北部順化坊[illegible]	金圭錫	
九	一〇九	田	七三	[illegible]		徐相泳	
一〇	一〇八	田	六七九	[illegible]	京城府西部盤松坊[illegible]	朴允植	
一一	一〇七	田	二〇六	[illegible]	倉川里	朴鍾運	

臨時土地調査局

地番	假地番	地目	地積	申告又ハ通知年月日	所有者 住所	所有者 氏名又ハ名稱	摘要
一二	一〇六	田	六九五	大正二年三月一日		金起德	
一三	三二	垈	三九	[illegible]	京城府龍山面孔德里	林奎錫	
一四	三二	田	一七七八	[illegible]	同上	同上	
一五	一三	田	一七五七	[illegible]	阿峴洞	韓璧必	
一六	一七	墳墓地	五三四	[illegible]		朴齊玉	
一七	一四	田	七二二	[illegible]		李永順	
一八	五	田	三七七八	[illegible]	京城府龍山面孔德里	林奎錫	
一九	四	田	七二	[illegible]		徐昌瑞	
二〇	五	田	三九七	[illegible]	大峴洞	宋完植	
二一	六	田	一〇六八	[illegible]		李永順	
二二	七	田	二八五	[illegible]	京城府西部[illegible]坊[illegible]里	李昌鉉	
二三	八	田	一一七	[illegible]	大峴洞	李德允	

(土地調査簿用紙) 甲

0320

高陽郡
延禧面
林野調査簿

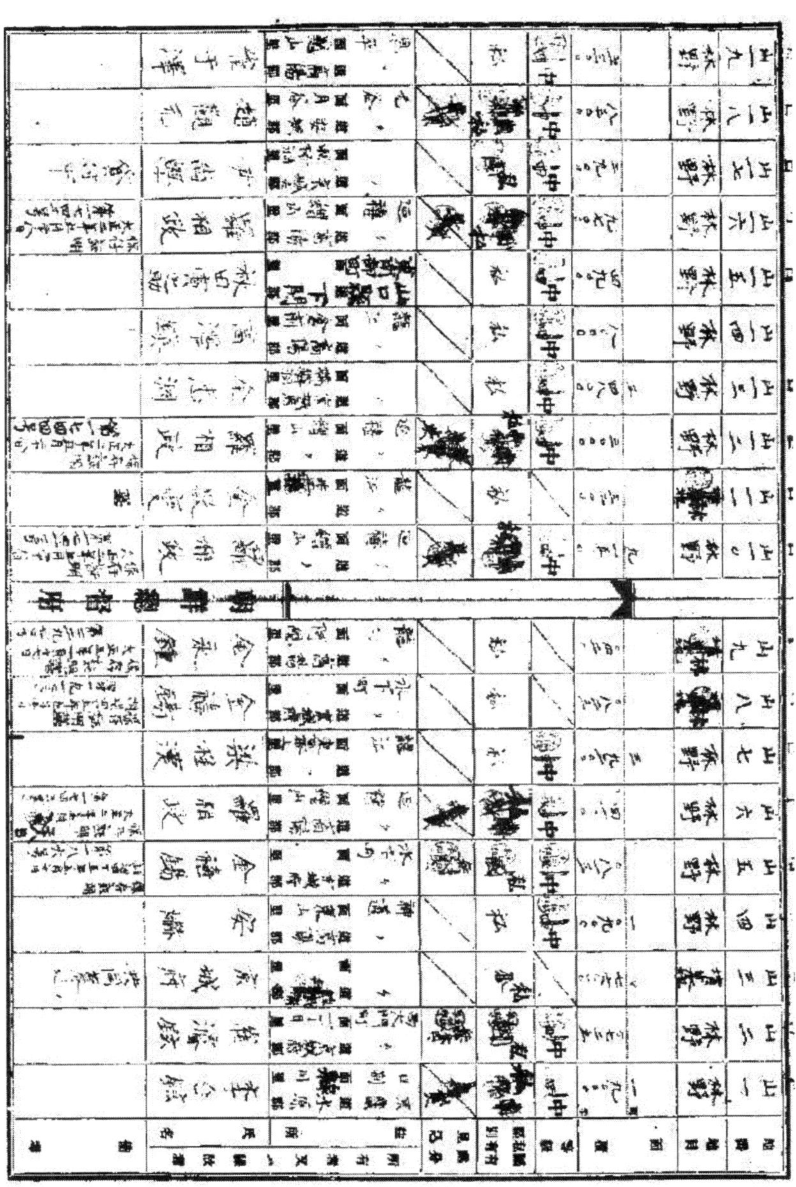

高陽郡
龍江面
林野調査簿

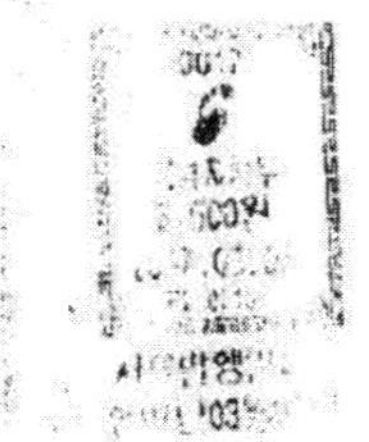
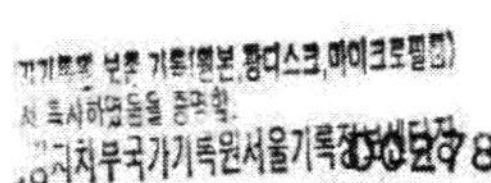
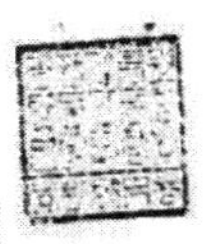

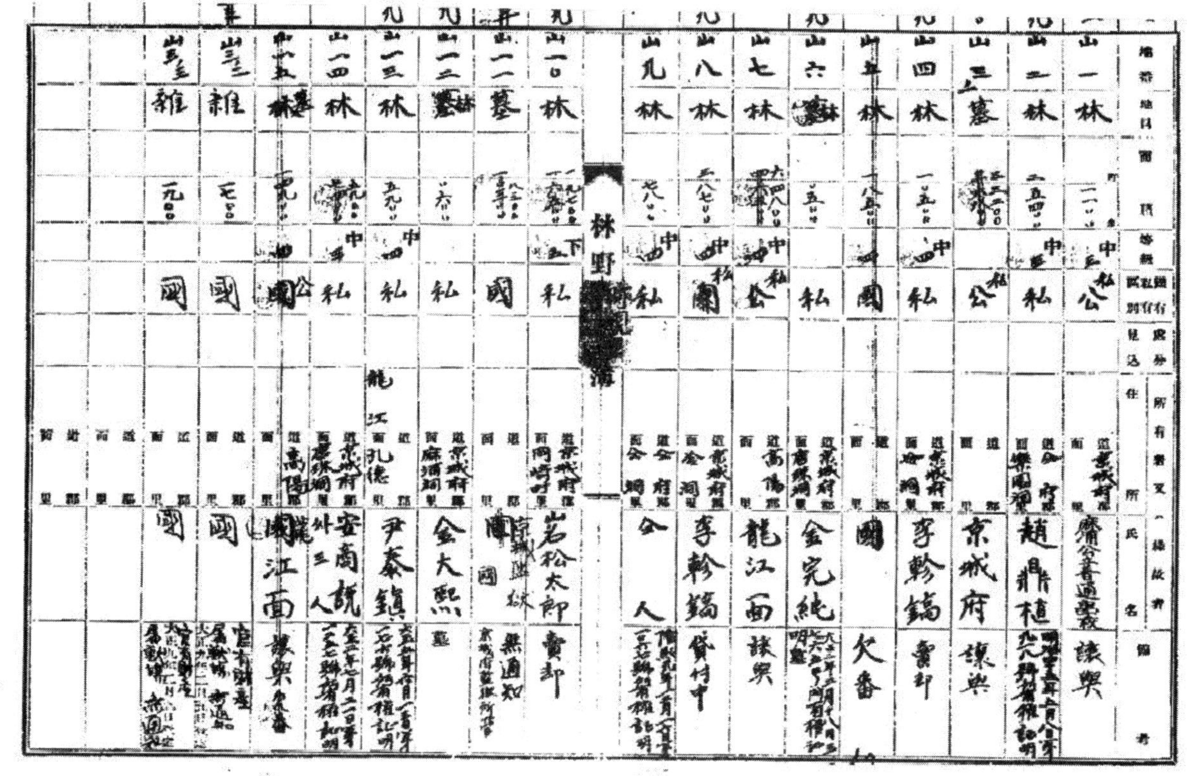

地番	地目	面積	等級	國有私有區別	見込	所有者又ハ緣故者 住所	氏名	摘要
山一	林	[illegible]	中	公		京城府 [illegible]	[illegible]	讓與
山二	林	[illegible]	中	私		[illegible]	趙鼎植	[illegible]
山三	墓	[illegible]		公			京城府	讓與
山四	林	[illegible]	中	私		京城府 [illegible]	李黔鎬	賣却
山五	林	[illegible]		國			國	欠番
山六	墓	[illegible]		私		京城府 [illegible]	金完純	[illegible]
山七	林	[illegible]	中	公		高陽	龍江面	讓與
山八	林	[illegible]	中	國		京城府 [illegible]	李黔鎬	貸付中
山九	林	[illegible]	中	私		[illegible]	[illegible] 人	[illegible]
山一〇	林	[illegible]	下	私		京城府 岡崎町	岩松太郎	賣却
山一一	墓	[illegible]		國			國	無通知
山一二	墓	[illegible]		私		京城府 麻浦洞	金大熙	[illegible]
山一三	林	[illegible]	中	私	龍江	孔德	尹泰鎮	[illegible]
山一四	林	[illegible]	中	私		京城府 麻浦洞	安商說 外三人	[illegible]
山一五	墓林	[illegible]		國		高陽	龍江面	[illegible]
[illegible]	雜	[illegible]		國			國	[illegible]
[illegible]	雜	[illegible]		國			國	[illegible]

00293

03

임야 매각 · 양여

총독부관보에 기재된 임야 양여원 허가나 임야 매각허가 자료는 대법원에서 권리추정력을 인정하고 있다.

일제가 일반인에게 양여나 매각한 임야는 약 10,000필지에 약 730,000,000평이나 되는 막대한 면적이다.

【출처 : 국가법령정보센터, 국가기록원】

임야조사사업은 원칙적으로는 소유자의 신고에 기초하여 임야소유권을 사정하였는데 국유림의 경우 조선총독부가 정하는 연고를 가지는 자는 그 연고의 내용을 적시하여 연고자로서 신고하도록 하였다. 국유림인지는 산림법이 정한 지적계출이 있었는지에 의하되 국유림에 관하여 신고된 연고가 소유권인 경우에는 임야조사기관이 이를 심사하여 연고자에게 사정하기도 하였다.

1926년 4월 5일 제령 제7호로 조선특별연고양여령을 제정하여 국유림 중 불요존치임야를 특별연고자에게 양여하였으며 국유화된 임야의 일부를 일반인에게 매각하기도 하였다.

삼림령

[시행 1911. 9. 1.] [조선총독부제령 제10호, 1911. 6. 20., 제정]

제2조 보안림에서는 지방장관의 허가를 받지 아니하면 삼림의 손질이 아닌 목죽의 벌채 또는 개간을 하거나 낙엽 · 절지(切芝) · 토석 · 수근 · 초근의 채취 · 채굴 또는 방목을 할 수 없다.

제3조 조선총독은 공익상 필요하다고 인정하는 때 또는 보안림으로서 존치할 필요가 없다고 인정하는 때에는 보안림을 해제할 수 있다.

제4조 조선총독은 임업행정상 필요하다고 인정하는 때에는 삼림의 소유자 · 점유자에게 영림방법을 지정하거나 조림을 명할 수 있다.

제7조 조선총독은 조림을 위하여 국유삼림을 대부받은 자에게 사업이 성공한 경우에 특별히 그 삼림을 양여할 수 있다.

제10조 ①조선총독은 현지주민에게 국유삼림의 보호를 하게하고, 보수로 산물의 일부를 양여할 수 있다.
②전항의 삼림보호에 대하여는 현지주민이 연대하여 책임을 진다.
③현지주민의 고의 또는 중대한 과실로 인하여 삼림에 손해가 발생한 때에는 배상하게 할 수 있다.

제11조 조선총독은 공용 또는 공익사업을 위하거나 이민단체용으로 필요한 때에는 국유삼림을 양여할 수 있다.

제12조 ①국유삼림의 양여를 받은 자가 양여조건에 위반한 때에는 이를 반환하게 할 수 있다.
②전항의 규정에 의하여 반환하게 한 경우에는 그 삼림 상에 설정한 제3자의 권리는 소멸한다.

제13조 ①조선총독은 다음 각호의 1에 해당하는 경우에는 국유삼림의 산물을 양여할 수 있다.
1. 공용 또는 공익사업을 위하여 필요한 때
2. 비상재해가 있는 경우에 이재자에게 건축수선의 재료 · 연료를 공급하기 위하여 필요한 때
②전항에 규정하는 것을 제외하고 삼림손질을 위하여 고용한 현지주민에게 보수로 채취한 산물을 양여할 수 있다.

부 칙 〈조선총독부제령 제10호, 1911. 6. 20.〉
제25조 이 영의 시행 기일은 조선총독이 정한다.
[삼림령은 1911년 9월 1일부터 시행. 〈1911. 8. 7. 조선총독부령 제90호〉]
제26조 1908년 법률 제1호 삼림법은 폐지한다.
제27조 이 영 시행 당시에 보안림인 것은 이 영에 의하여 보안림으로 편입된 것으로 본다.

조선특별연고삼림양여령

[시행 1927. 2. 1.] [조선총독부제령 제7호, 1926. 4. 5., 제정]

제1조 조선총독은 이 영이 정하는 바에 의하여 특별한 연고가 있는 국유삼림을 당해 특별연고자에게 특별히 양여할 수 있다.

제2조 ①전조의 특별 연고자라 함은 다음 각호의 1에 해당하는 자를 말한다.

1. 옛날 기록 또는 역사가 증명하는 바에 의하여 사찰에 연고가 있는 삼림에 있어서는 그 사찰
2. 1908년 법률 제1호 삼림법 제19조의 규정에 의하여 지적의 신청을 하지 아니하여 국유로 귀속된 삼림에 있어서는 종전의 소유자 또는 그 상속인
3. 1908년 법률 제1호 삼림법 시행 전에 적법하게 점유한 삼림에 있어서는 종전의 점유자 또는 그 상속인

②전항 제2호 또는 제3호에 해당하는 자가 부 · 면 안의 부락인 경우에는 그 부 · 면을 특별연고자로 본다.

부　　칙 〈조선총독부제령 제7호, 1926. 4. 5.〉

이 영의 시행기일은 조선총독이 정한다.

[조선특별연고삼림양여령은 1927년 2월 1일부터 시행. 〈1926. 12. 25. 조선총독부령 제86호〉]

총독부관보에 기재된 임야 양여원 허가나 임야 매각허가 자료는 대법원에서 권리추정력을 인정하고 있다.

이렇게 일제가 일반인에게 양여나 매각한 임야는 약 10,000필지에 약 730,000,000평이나 되는 막대한 면적이다.

04

보안림 편입

총독부관보에 기재된 보안림 편입 고시자료는 대법원에서 권리추정력을 인정하고 있다.

일제에서 보안림으로 편입시킨 대한민국(남한)의 임야는 약 81,000필지에 약 760,000,000평이나 되는 막대한 면적이다.

【출처 : 국가법령정보센터, 국가기록원】

보안림은 일종의 법적 산림 개발제한으로 현대에서는 그린벨트(개발제한구역)라 말할 수 있다. 이것은 산림 그 자체의 보호가 목적이 아니라 공공의 위해 방지를 위해 정해진 것이다. 1908년 대한제국 칙령으로 공포된 삼림법의 규정에 따라 국유림을 보안림으로 편입한 것이 시초였는데 일제강점기 삼림령에 따라 1910년에 약 28,000,000평이었는데 1939년에는 약 1,373,200,000평이 되나 되는 거대한 면적이었다.

삼림령

[시행 1911. 9. 1.] [조선총독부제령 제10호, 1911. 6. 20., 제정]

제2조 보안림에서는 지방장관의 허가를 받지 아니하면 삼림의 손질이 아닌 목죽의 벌채 또는 개간을 하거나 낙엽 · 절지 · 토석 · 수근 · 초근의 채취 · 채굴 또는 방목을 할 수 없다.

제3조 조선총독은 공익상 필요하다고 인정하는 때 또는 보안림으로서 존치할 필요가 없다고 인정하는 때에는 보안림을 해제할 수 있다.

제4조 조선총독은 임업행정상 필요하다고 인정하는 때에는 삼림의 소유자 · 점유자에게 영림방법을 지정하거나 조림을 명할 수 있다.

제7조 조선총독은 조림을 위하여 국유삼림을 대부받은 자에게 사업이 성공한 경우에 특별히 그 삼림을 양여할 수 있다.

제10조 ①조선총독은 현지주민에게 국유삼림의 보호를 하게하고, 보수로 산물의 일부를 양여할 수 있다.

②전항의 삼림보호에 대하여는 현지주민이 연대하여 책임을 진다.

③현지주민의 고의 또는 중대한 과실로 인하여 삼림에 손해가 발생한 때에는 배상하게 할 수 있다.

제11조 조선총독은 공용 또는 공익사업을 위하거나 이민단체용으로 필요한 때에는 국유삼림을 양여할 수 있다.

제12조 ①국유삼림의 양여를 받은 자가 양여조건에 위반한 때에는 이를 반환하게 할 수 있다.

②전항의 규정에 의하여 반환하게 한 경우에는 그 삼림 상에 설정한 제3자의 권리는 소멸한다.

제13조 ①조선총독은 다음 각호의 1에 해당하는 경우에는 국유삼림의 산물을 양여할 수 있다.

1. 공용 또는 공익사업을 위하여 필요한 때
2. 비상재해가 있는 경우에 이재자에게 건축수선의 재료 · 연료를 공급하기 위하여 필요한 때

②전항에 규정하는 것을 제외하고 삼림손질을 위하여 고용한 현지주민에게 보수로 채취한 산물을 양여할 수 있다.

부 칙 〈조선총독부제령 제10호, 1911. 6. 20.〉

제25조 이 영의 시행 기일은 조선총독이 정한다.

[삼림령은 1911년 9월 1일부터 시행. 〈1911. 8. 7. 조선총독부령 제90호〉]

제26조 1908년 법률 제1호 삼림법은 폐지한다.

제27조 이 영 시행 당시에 보안림인 것은 이 영에 의하여 보안림으로 편입된 것으로 본다.

삼림령 시행규칙

[시행 1911. 9. 1.] [조선총독부령 제74호, 1911. 6. 20., 제정]

제7조 ①삼림령 및 이 영은 산야에 준용한다.

②삼림령 및 이 영 중 보안림에 관한 규정은 삼림 · 산야 이외의 토지에 준용한다.

제9조 보안림의 편입 또는 해제는 지역을 지정하여 조선총독부관보에 고시한다.

제10조 보안림의 소유자 · 점유자에 변경이 생긴 때 또는 그 지형이나 임상에 현저

한 이상이 생긴 때에는 소유자 또는 점유자는 지체 없이 지방장관에게 신고하여야 한다. 다만, 소유자 또는 점유자가 변경된 경우에는 상속에 의한 경우를 제외하고 신·구 권리자의 연서를 요한다.

제25조 조선총독 또는 지방장관은 영림상 필요하다고 인정되는 때에는 산물의 매수인에 대하여 벌채·채취 또는 반출의 방법을 지정하거나 제한할 수 있다.

부 칙 〈조선총독부령 제74호, 1911. 6. 20.〉
제44조 이 영은 삼림령 시행일부터 시행한다.

보안림 등에 준하여 공용의 필요가 있는 국유림을 요존치임야로 분류하고 그 나머지는 불요존치임야로 하였다. 1926년 조선특별연고삼림양여령을 제정하여 국유림 중 불요존치임야를 특별연고자에게 양여할 수 있도록 하였다.

총독부 관보에 기재된 보안림 편입 고시자료는 대법원에서 권리추정력을 인정하고 있다.

이렇게 일제에서 보안림으로 편입시킨 대한민국(남한)의 임야는 약 81,000필지에 약 760,000,000평이나 되는 막대한 면적이다.

產業

農事

○國有林野處分事項　國有林野處分事項左ノ如シ

林野讓與願許可

指令番號	指令年月日	所在	面積	用途	被許可人住所氏名
山五二五	大正二年三月十四日	平安北道宜川郡邑內面檔南里	町 三六、一三	宜川公立尋常小學校敷地	宜川學校組合
同五二六	同	同道同郡同面越川里	一、四三八	共同墓地設置	同
同六三八	同	同道郭山郡西面稷峴里鋤洞北麓	二、四七〇一二	—	平安北道郭山郡西面稷峴里鋤洞四統二戸　朴亨濂
同六四〇	同	同道同郡同面好岩里二小洞窟岩山北麓	一、〇九〇二	—	同道同郡同面好岩里十七統七戸　金相選
同六五八	同	同道宜川郡新府面大睦里中峰洞古今岩四透	、八八一九	—	同道宜川郡台山面圓山里四統六戸　朴仁孫
同六六六	同	全羅北道群山府北面新豐里烽台山	六、七三〇	共同墓地設置	全羅北道群山府北面長　田穀仁
同七一二	同	京畿道開城郡中西面楊陵洞里編村	、八四〇九	—	京畿道開城郡中西面楊陵洞里編村十八統一戸　崔秉善
同七一三	同	同道交河郡支石面上支石里	甲、七六一一五、乙、六八二八	—	同道交河郡支石面上支石里七統九戸　文弘來
同七三〇	同	同道京城府崇信面栗倉契城北洞	、三五二五二	—	同道京城府崇信面栗倉契城北洞九統一戸　金演穀
同七三二	同	同道水原郡北部面發川洞宮村麓	、三〇三三	—	同道水原郡北部面發龍洞十四統四戸　金善鎔
同六五一	大正二年三月十五日	全羅北道群山府米堤米堤里四麓	、六六〇七、七	—	全羅北道群山府西面九城里　宋明玉
同六五二	同	同道同府東面紙谷里西麓	、九八二七	—	同道同府開面玉井一里　高潤變
同六五三	同	同	一、五九〇六	—	同

土石採取權讓渡許可

指令番號	指令年月日	採取地ノ所在	採取物ノ種類	讓渡人	讓受人住所氏名
山一四七	大正二年三月十五日	京畿道京城府豆毛面往十里長八里	花崗石	大東商社人	京城吉野町一丁目二十番戸ノ四　岡田永治

○疫獸　二月中各道ヨリ報告アリタル獸疫左ノ如シ

道名	病名	發病	斃死	撲殺
平安北道	牛疫	二四	三	二一

本年初發以來發病累計三十六頭

道名	病名	發病	斃死	撲殺
京畿道	炭疽	牛 一三	牛 一三	—
忠清北道		牛 八 / 馬 二	牛 八 / 馬 二	—
忠清南道		牛 一	牛 一	—
全羅北道		牛 一	牛 一	—
全羅南道		牛 二 / 馬 一	牛 二 / 馬 一	—
慶尙北道		牛 二一	牛 二一	—
慶尙南道		牛 四 / 馬 一	牛 四 / 馬 一	—
黃海道		牛 四 / 馬 三 / 驢 三	牛 四 / 馬 三 / 驢 三	—
平安南道		牛 一一	牛 一一	—
平安北道		牛 二	牛 二	—
江原道		牛 四	牛 四	—
咸鏡南道		牛 五	牛 五	—
咸鏡北道		牛 一	牛 一	—
計		八七	八七	—

本年初發以來發病累計百三十一頭

道名	病名	發病	斃死	撲殺
京畿道	氣腫疽	三	三	—
咸鏡北道		一	一	—
計		四	四	—

本年初發以來發病累計五頭

道名	病名	發病	斃死	撲殺
京畿道	狂犬病	犬 一 / 牛 一	牛 一	犬 一
忠清南道		犬 七	—	犬 七
全羅北道		牛 一	牛 一	—
慶尙南道		犬 二	—	犬 二
黃海道		犬 一	—	犬 一
平安南道		犬 一	—	犬 一
平安北道		犬 三	—	犬 三
計		一七	二	一五

本年初發以來發病累計二十五頭

指令番號	指令年月日	所在	面積		許可人住所氏名
由五、五四七	同	全羅北道南原郡四峯面大栢山	七、〇〇〇〇	地方費ニ依ル造林設置	全羅北道長官
由五、三六六	大正二年十二月十七日	平安南道安州郡文谷面若松里	〇、七九一七	—	平安南道安州郡州北面龍西里六統五戶 韓有俊
由五、三六七	同	同道同郡葛花面黨谷里	一、一〇〇三	—	同道同郡葛花面黨谷里四統六戶 文□亮
由五、三六八	同	同	五、〇〇一九	—	同
由五、三六九	同	同道同郡文谷面龍溪里	〇、三八一〇	—	同道价川郡內南面花泉里十四統六戶 安召史
由五、三七〇	同	同道同郡[illegible]里	一、二四〇九	—	平安南道安州郡青山面松里五統九戶 金鶴柱
由五、三七一	同	同道同郡州北面西山里	一、四三〇七	—	同道同郡州北面古城里三統二戶代表者 鄭國鉉外一名
由五、三七二	同	同道同郡同面北松里	二、〇七〇五	—	同道同郡同面北松里一統六戶 崔錫[illegible]
由五、三七三	同	同道同郡同面古城里	一、三四七三	—	同道同郡邑部面信義洞一統九戶 崔良奉
由五、三七四	同	同道同郡[illegible]北松里	[illegible]	—	同道同郡州北面北松里四統九戶 崔[illegible]
由五、三七五	同	同道同郡[illegible]里	〇、九八〇四	—	同道同郡邑部面[illegible]六統七戶 安明突
由五、三七六	同	同道同郡州南面[illegible]	一、〇〇〇八	—	同道同郡[illegible]洞一統七戶 李明鉉
由五、三七七	同	同道同郡同面長興里	一、〇四〇七	—	同道同郡州內面長興里 金碩鎬
由五、三七八	同	同道同郡東面[illegible]里	[illegible]	—	同道同郡東面鳳鳴里二統十戶 李國[illegible]
由五、三七九	同	同道同郡同面[illegible]里	〇、八三一八	—	同道同郡州南面[illegible]里四統六戶 崔[illegible]
由五、三八〇	同	同道同郡雲谷面[illegible]	〇、六四〇八	—	同道价川郡外西面[illegible]一統二戶 崔[illegible]
由五、三八一	同	同道同郡東面鳳鶴里	三、四八三一	—	同道安州郡東面鳳鶴里 李相龍
由五、三八二	同	同道同郡[illegible]里	一、一九二七	—	同道同郡[illegible]十統一戶 金[illegible]
由五、三八三	同	同道同郡[illegible]里	一、九五〇四	—	平安北道[illegible]三統三戶 [illegible]
由五、三八四	同	同道同郡雲谷面反龍里	[illegible]	—	平安南道安州郡[illegible]五統六戶 金[illegible]
由五、三八五	同	同道同郡州北面金城里	〇、一二〇三	—	同道同郡州北面金城里二統六戶 韓[illegible]四統
由五、三八六	同	同道[illegible]西山里	〇、八九〇七	—	同道[illegible]二戶 李山[illegible]

林野賣却許可

指令番號	指令年月日	所在	面積	許可人住所氏名
由一、〇四七	大正二年十二月十三日	京畿道楊州郡金村面一牌里會谷里	町 六、四四一九	京城府北部[illegible]坊[illegible]一統九戶 具[illegible]會
由一、〇四六	同	同道同郡同面一牌里、金谷里、[illegible]里	九、九六四四	同府北部[illegible]坊中谷四十六統五戶 具[illegible]
由三、九一〇	同	平安南道价川郡[illegible]金谷里	四一、八九〇〇	平安南道价川郡[illegible]十統九戶 [illegible]九十九

林野產物賣却許可

指令番號	指令年月日	產物所在	種類數量	用途期日	許可人住所氏名
由五、五〇〇	大正二年十二月十七日	イ 咸鏡北道鏡城郡[illegible] ロ 同道同郡[illegible] ハ 同道同郡[illegible]小谷	シコメンマツ イ 六百九十九尺締 ロ 四十四尺締 ハ 二百七十九尺締 合計一千二十二尺締	電柱用材 六箇月	元山郵便局長

○營林廠事業成績（前號ノ續）

原木料徵收材

流域別	樹種	材種	材積（尺締）本月中	材積（尺締）累計	價格（圓）本月中平均單價	價格（圓）本月中總價	價格（圓）累計	備考
鴨綠江	落葉松	丸材	[illegible]	[illegible]	[illegible]	[illegible]	[illegible]	
		小丸材	[illegible]	[illegible]	[illegible]	[illegible]	[illegible]	
		板材	—	[illegible]	—	—	[illegible]	
	紅松	丸材	[illegible]	[illegible]	[illegible]	[illegible]	[illegible]	
		角材	[illegible]	[illegible]	[illegible]	[illegible]	[illegible]	
		小丸太	[illegible]	[illegible]	[illegible]	[illegible]	[illegible]	
		板材	[illegible]	[illegible]	[illegible]	[illegible]	[illegible]	
	杉松	丸材	[illegible]	[illegible]	[illegible]	[illegible]	[illegible]	
		角材	—	[illegible]	—	—	[illegible]	
		小丸太	—	[illegible]	—	—	[illegible]	
		板材	—	[illegible]	—	—	[illegible]	
		篩輪	[illegible]	[illegible]	[illegible]	[illegible]	[illegible]	
	雜木	丸材	[illegible]	[illegible]	[illegible]	[illegible]	[illegible]	
		角材	—	[illegible]	—	—	[illegible]	
		小丸太	[illegible]	[illegible]	[illegible]	[illegible]	[illegible]	
		板材	—	[illegible]	—	—	[illegible]	
		木鉢	[illegible]	[illegible]	[illegible]	[illegible]	[illegible]	
		其他	—	—	—	[illegible]	[illegible]	
	檜木	車輌	[illegible]	[illegible]	[illegible]	[illegible]	[illegible]	
		車[illegible]	[illegible]	[illegible]	[illegible]	[illegible]	[illegible]	
		杵木	—	[illegible]	—	—	[illegible]	
		丸材	—	[illegible]	—	—	[illegible]	
		角材	—	[illegible]	—	—	[illegible]	
	計		[illegible]	[illegible]		[illegible]	[illegible]	

05

조선총독부 관보 등

일제강점기에 발행된 조선총독부 관보는 조상 땅 찾기의 토지 소유권 확인 시 중요한 자료가 된다. 임야매각 · 양여, 보안림편입, 사방공사편입고시 등이 있다.

[출처 : 국가기록원]

■ 조선총독부 관보

일제강점기에 발행된 조선총독부 관보는 조상 땅 찾기의 토지 소유권 확인 시 중요한 자료가 된다. 임야매각 · 양여, 보안림편입, 사방공사편입고시 등이 있다. 임야조사부에 연고자로 기재된 조상님이 있을 경우 국유화된 임야를 양여 받은 내용이 기재되어 있다. 사방공사편입조서는 단독으로 권리추정력이 없으나 선대의 묘소가 있는 경우 권리추정력을 인정하고 있다. 보안림편입고시는 소유권을 인정하여 권리추정력이 있다. 조선총독부 관보는 국가기록원에 소장되어 있어 누구나 열람 가능하다.

朝鮮總督府官報

第三百十三號　大正二年八月十五日　朝鮮總督官房總務局印刷所

○府令

朝鮮總督府令第八十二號
地稅ハ結數連名簿ニ土地所有者トシテ登錄セラレタル者ヨリ之ヲ徵收ス
大正二年八月十五日　朝鮮總督　伯爵寺內正毅

朝鮮總督府令第八十三號
結數連名簿規則中左ノ通改正ス
大正二年八月十五日　朝鮮總督　伯爵寺內正毅

第二條但書ヲ左ノ如ク改ム
但シ未證明土地ノ收用ニ因リ所有者ノ異動シタル場合ハ此ノ限ニ在ラス
第二條ノ二　削除
第十條中「第二條」ヲ「第三條」ニ改ム
第一號樣式　削除
第二號樣式備考ヲ左ノ如ク改ム
一　本申告書ハ面每ニ之ヲ調製スヘシ
二　部、社等面ニ該當スルモノニ在リテハ本樣式中面トアルヲ部、社等ト爲スヘシ
三　字號ノミニテ番號ナキモノハ字番號トアルヲ字號ト爲スヘシ
四　面積ハ實測坪數ヲ記入スヘシ但シ實測坪數ノ明ナラサルモノニ在リテハ從來ノ稱呼ニ依リ斗落又ハ日耕數ヲ記入スヘシ
五　分割ヲ要スル事由ヲ式ノ如ク摘要欄ニ記入スヘシ
第三號乃至第六號樣式備考第一號中「第一號樣式」ヲ「第二號樣式」ニ改ム
第六號樣式備考ニ左ノ一號ヲ加フ
二　所有者ノ民籍謄本又ハ抄本其ノ他事實ヲ確認シ得ヘキ書類ヲ添附スヘシ

附　則

本令ハ大正二年十月一日ヨリ之ヲ施行ス

○告示

朝鮮總督府告示第二百五十七號
森林令第一條ニ依リ左記ノ箇所ヲ保安林ニ編入ス
大正二年八月十五日　朝鮮總督　伯爵寺內正毅

記

所在	面積	所有者
京畿道楊平郡上西面延安里	三八一町一〇〇〇	徐洪錫

○通牒

官通牒第二百六十號
大正二年八月十五日　政務總監
各道長官宛

不動産證明令第十五條ニ依リ面長ノ與フル認證ニ關スル件

未證明ノ土地ニ關スル所有權保存ノ證明ヲ申請セムトスル者ハ不動産證明令第十五條ニ依リ自己ノ所有權ヲ證スヘキ官廳又ハ公署ノ書面ヲ添附提出スルコトヲ要スル規定ニ有之該規定ニ基キ從來證明ヲ申請セムトスル者ハ豫メ面長ニ對シ自己ノ所有地タルノ認證ヲ請求シ面長ハ該申請者ノ提出シタル書面其ノ他ノ資料ニ依リ申請者ノ所有權ヲ確認シタル後之ニ對シ其ノ旨ノ認證ヲ附與スルコトニ取扱來リ候處今ヤ結數連名簿ノ整理完成ヲ告ケ土地ニ關スル公簿トシテ之ヲ承認スルニ至リタルト今般結數連名簿規則ノ改正ニ依リ所有者ノ異動ハ未證明土地ノ收用ノ場合ヲ除クノ外總テ證明ヲ經サレハ之カ異動ヲ登錄セサルコトトナリタル以上ハ該簿ニ登錄シタル土地ニ付テハ面長ヲシテ之ト對照シ前號ノ認證ヲ與フルコトニ取扱ハシムルヲ適當ト認メ候條右土地ノ認證ニ付テハ必ス面長ヲシテ之ニ當ラシムルコトトシ面以外ノ公署ニ於テハ認證ヲ與ヘサルコトニ致度尙面長ノ與フル認證ニ付テハ爾今左記ニ依リ取扱フ樣通達相成度此段及通牒候也

追テ本件取扱ノ變更ニ付テハ爾今土地賣買等所有權移轉ノ場合ニ於テハ必ス證明ヲ申請セシムル樣取計ハレ度若證明ヲ經スシテ賣買等ヲ爲シタルトキハ他日證明ヲ申請スルモ容易ニ證明ヲ得ルコト能ハス又ハ不測ノ損害ヲ被ル等ノ事實ナキヲ保シ難キニ付其ノ旨一般ニ諭旨相成度

記

一　結數連名簿ニ登錄シタル未證明ノ土地ニ付證明ヲ申請セムトスル者ヨリ

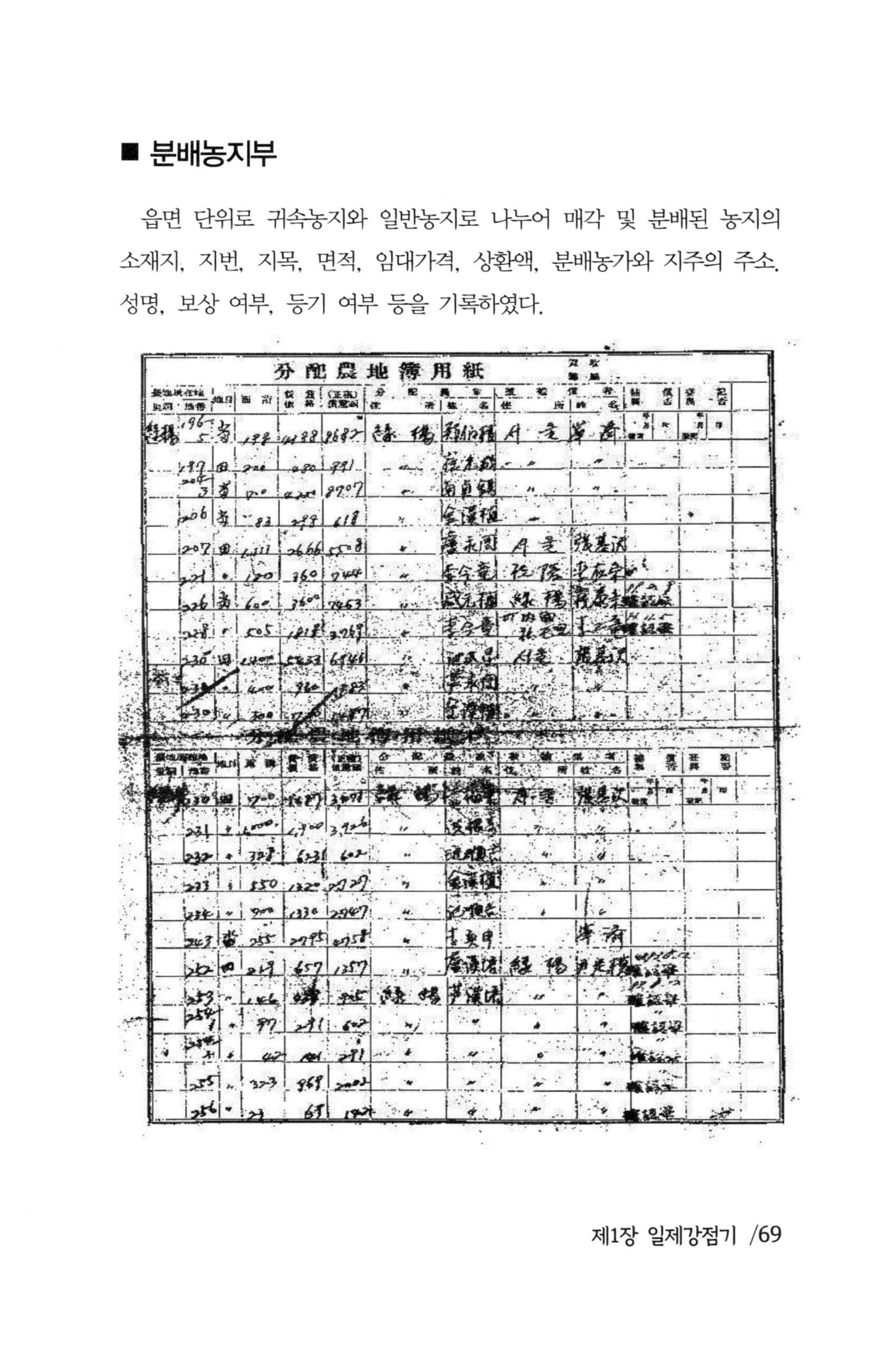

■ 분배농지부

읍면 단위로 귀속농지와 일반농지로 나누어 매각 및 분배된 농지의 소재지, 지번, 지목, 면적, 임대가격, 상환액, 분배농가와 지주의 주소. 성명, 보상 여부, 등기 여부 등을 기록하였다.

分配農地簿用紙

■ 분배농지명세서

1950년 농지개혁에서 분배당한 농지의 목록표로서 면리별로 편철되어 있다. 농지개혁 당시 분배된 농지인가 아닌가를 판단하는 데 유용하다.

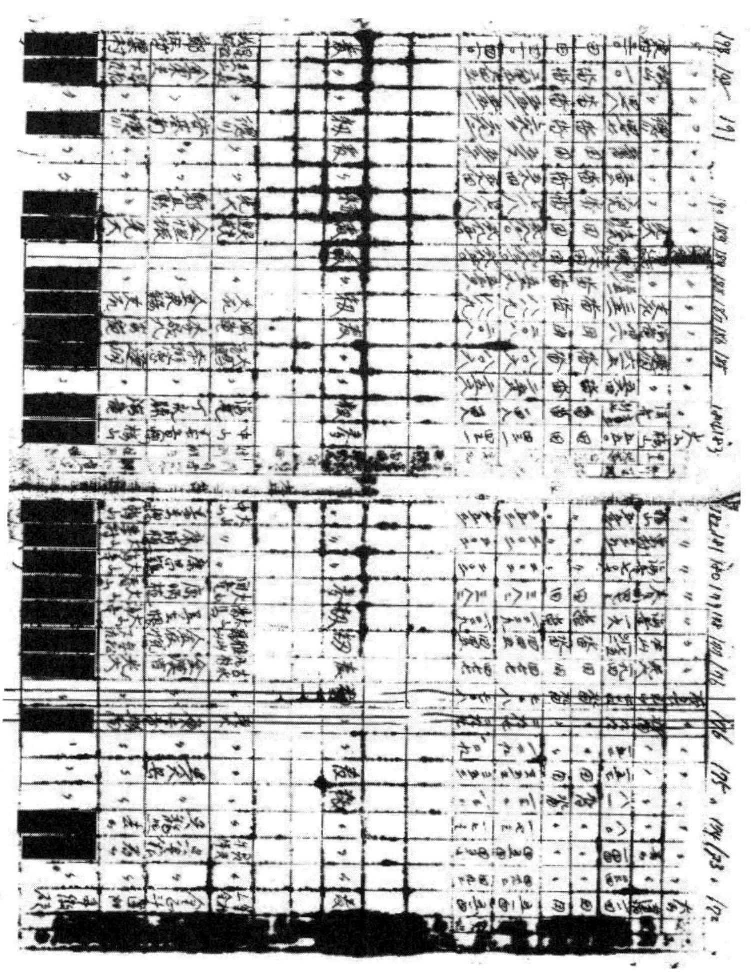

■ 보상대장

농지개혁에서 농지를 분배당한 지주에게 그 농지의 대가로 지급할 보상의 내역을 기록한 문서이다.

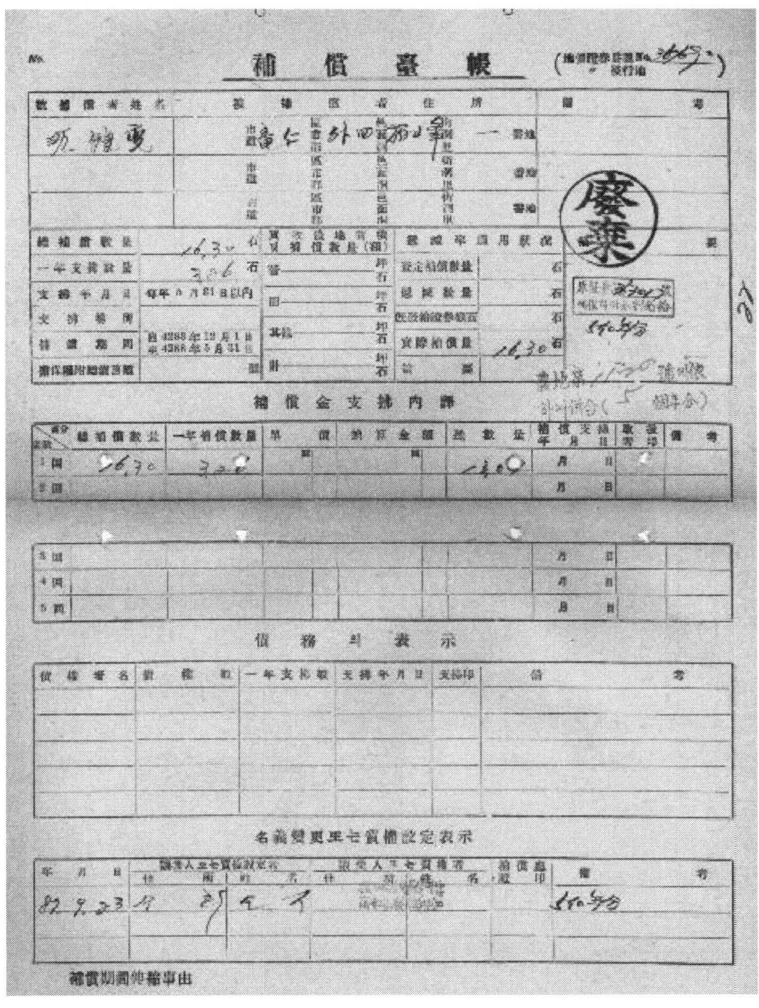

補償臺帳

廢棄

補償金支拂內譯

債務의表示

名義變更또는質權設定表示

補償期間伸縮事由

■ 지가증권 교부대장

시군 · 읍면 · 리별로 농지를 분배당한 지주의 주소 · 성명, 증권발행번호, 증권번호, 보상수량, 교부연월일 등이 기록하였다.

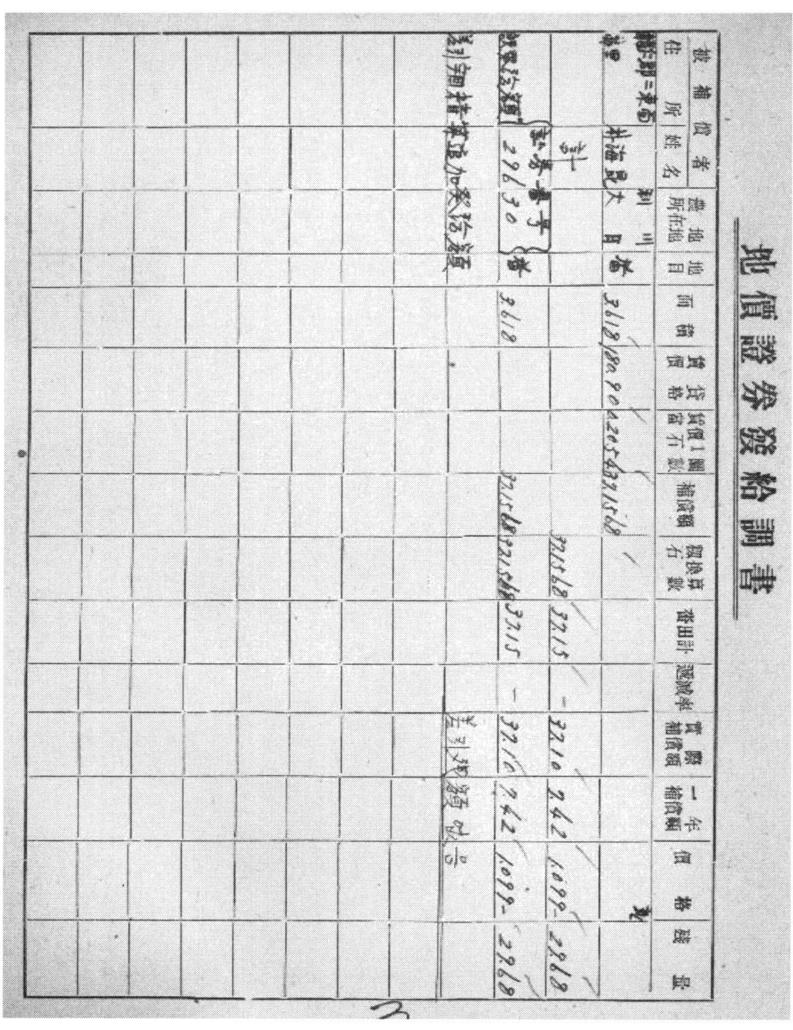

地價證券發給調書

■ 상환대장

농지개혁에서 농지를 분배받은 농가별로 분배 농지의 대가를 상환한 내역을 기록한 문서이다. 농지개혁법은 상환이 완료된 농지의 소유권 이전등기를 하도록 하여 이 문서는 분배농지 여부와 상환여부를 알 수 있다.

■ 지적(임야)원도

판례는 지적원도에 지번, 지목, 지적과 함께 소유자의 성명까지 병기한 것은 법령의 근거 없이 행정편의를 위해 기재한 것이므로 지적원도에 소유자로 기재되었다 하더라도 그가 사정받았음이 추정되지 않는다는 취지로 지적원도의 권리추정력을 부인하고 있다.

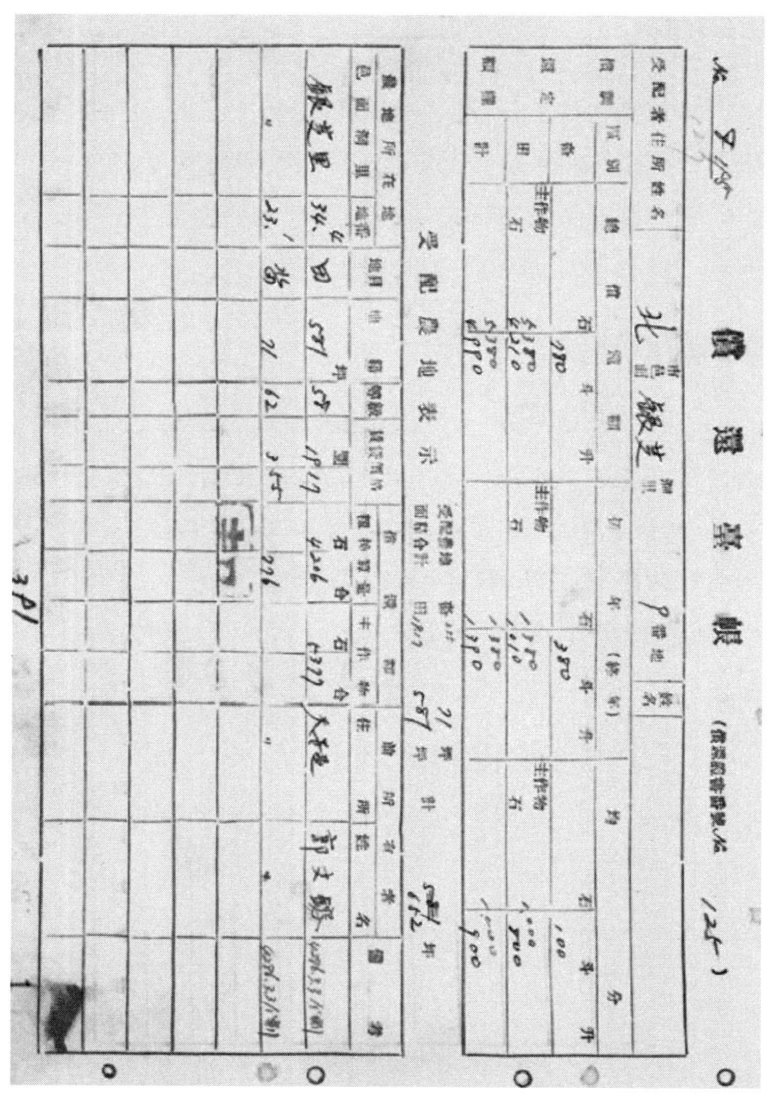

No. 7 1/8

償還臺帳

(償還證書番號 No. 125)

受配者住所姓名	北 市邑面 銀芝 洞里 7番地	姓名	
償還定額	種別	總償還額	初年(終年)	均分
	畓	石 斗 升 380	石 斗 升 380	石 斗 升 100
	田	主作物 石 5 380 4 210	主作物 石 1 380 1 010	主作物 石 1 000 800
	計	5 380 4 590	1 380 1 390	1 000 900

受配農地表示

受配農地面積合計: 畓 71 坪, 田 1817 / 581 坪, 計 652 坪

邑面洞里	地番	地目	地積	等級	賃貸價格	償還額: 主作物收量	償還額: 半作物	前所有者: 住所	前所有者: 姓名	備考
			坪		圓	石 合	石 合			
銀芝里	34.4	田	581	58	1817	4206	4377	大邱	郭文鏞	
〃	23.1	畓	71	62	355	226		〃	〃	

3P1

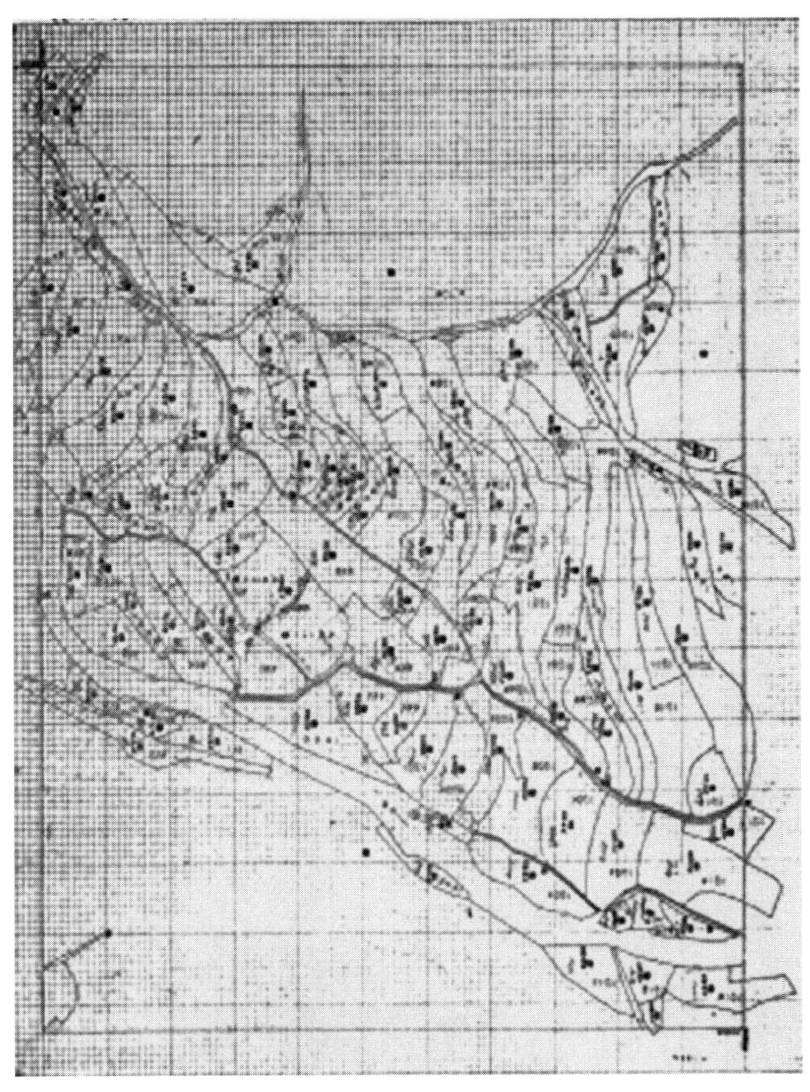

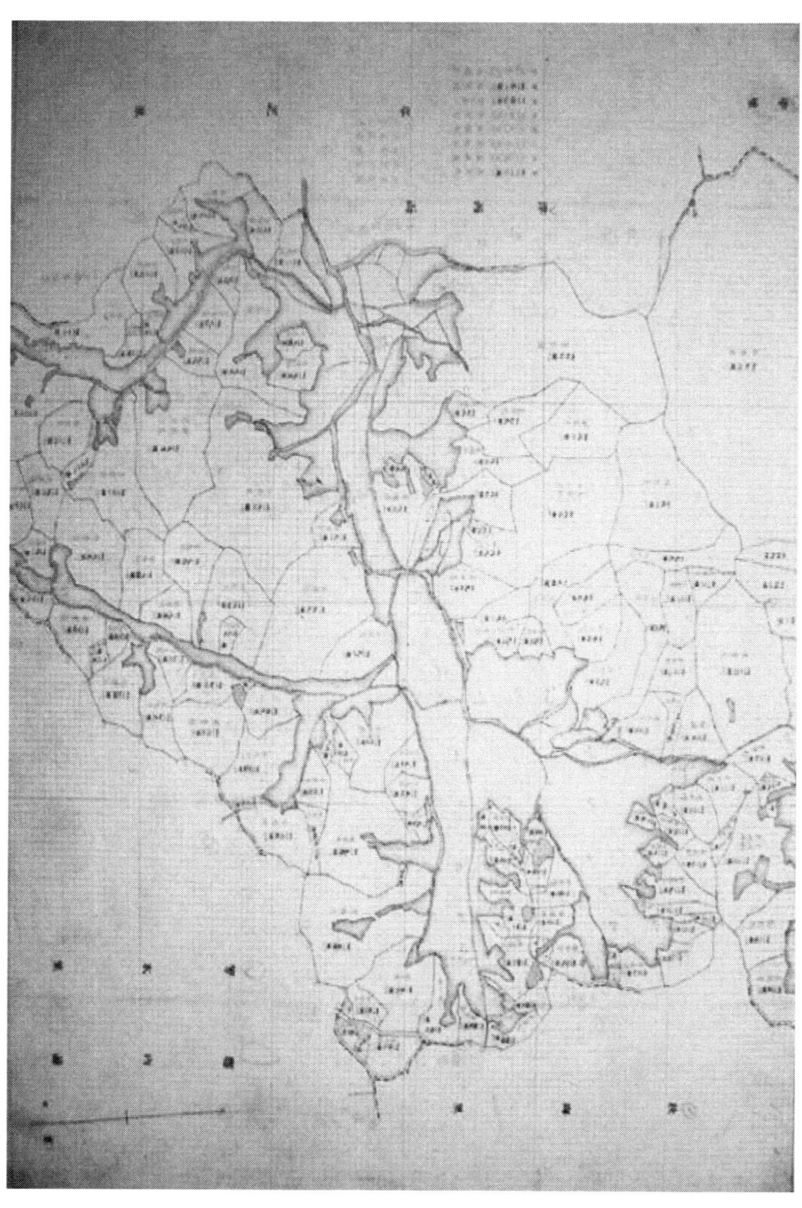

■ 농지소표

농지개혁에서 분배농지를 확정하기 위해 전국의 모든 농지에 대해 필지별로 지주와 경작자를 조사 기록한 조사표이다. 농지소표는 분배농지를 확정하기 위한 첫 번째 절차로 그 농지가 자작지 · 소작지 · 귀속농지 · 위토 중 어디에 해당되는지 지주와 경작자는 누구인지를 알 수 있으며 궁극적으로 농지개혁에서 분배대상이었는지 아닌지를 알 수 있다.

■ 농지경작조서

귀속농지 매각을 위한 문서로서 1948년 소작인별 경작농지에 대한 조사기록이다.

■ 사방사업 설계서

사방사업설계서의 임야지적조서는 소유자가 아닌 점유자, 연고자의 성명까지 기재된 관계로 기존에는 권리추정력을 인정하지 않으나 선조의 묘소가 있는 경우 점유관리를 인정하여 권리추정의 범위를 넓혀가고 있는 추세다.

■ 지세명기장

지세징수를 위하여 이동정리를 끝낸 토지대장 중에서 민유과세지만을 뽑아 각 면마다 소유자별로 합계한 것으로 이것은 과세지에 대한 인적편성주의에 따라 성명별 목록을 작성한 것으로 6 · 25 전쟁으로 거의 소실되어 국가기록원에 일부 보존되고 소송 시 토지의 소유권 증빙자료로 권리추정력은 없다.

06

국유(전귀속) 임야대장

임야조사부나 보안림편입조서에 소유자로 기재돼 있어 국가에 소유권반환소송을 할 때 반드시 산림청에 질의하여 귀속임야대장을 확인해야 한다. 귀속임야대장에는 일본인 소유로 기재되어 있기 때문이다.

【출처 : 국가법령정보센터, 대법원종합법률정보】

귀속재산은 1945년 8월 9일 당시를 기준으로 일본인이 소유하거나 관리하던 재산으로 8.15 해방 후 미군정청에 귀속되었다가 1948년 9월 11일 대한민국 정부와 미국정부간에 체결된 재정 및 재산에 관한 최초 협정 제5조의 규정에 의하여 대한민국 정부에 이양된 재산을 말하는 것으로 해제조건부 원시취득이다.

대한민국정부와미국정부간에체결된재정및재산에관한최초협정

[발효일 1948. 9. 20] [미국, 제1호, 1949. 1. 19]

제5조 대한민국정부는, 재조선미군정청 법령 제33호에 의하여 귀속된 전 일본인 공유 우는 사유재산에 대하여, 재조선미군정청이 이미 행한 처분을 승인하고 비준함.

본협정 제1조 급 제9조에 의하여 미국정부가 취득 우는 사용할 재산에 관한 보류건을 제외하고는, 현재까지 불하치 않은 귀속재산, 귀속재산의 임대차 급 불하에 의한 순수입금의 소비되지 않은 금액은, 일절의 수취계정 급 매매계약과 함께, 차를 좌와 여히 대한민국정부에 이양함.

(가) 일절의 현금, 은행예금 우는 기타유동재산은 자에, 본협정유효기일부로 차를 이양함.

(나) 기타일절의 이양할 귀속재산, 일절의 입수가능한 재산목록, 도면, 증서 우는 기타 소유증은 대차대조표, 운영명세표 급 기타 귀속재산에 관한 재정기록에 의하여 확증되는데로 질서 있는 이양이 가능한한, 가급적 속히, 차를 대한민국 정부에 점차로 이양함.

대한민국정부는 한국국민의 복리를 위하여 좌기 재산을 접수 급 관리할 별개의 정부기관을 설치하기로 협약함.

우에 좌기 재산이라 함은 법령 제33호에 의하여 현재까지 귀속되어, 본조 규정하에 대한민국정부에 이양되는 재산 또는 금후에 이양될 재산을 지칭함.
대한민국정부는 일본과 대전한 국가의 국민이, 본조에 의하여 대한민국 정부에 이양된 한국내 전 일본인 재산상에 유하는 직접 우는 간접의 권리 급 이익을 존중, 보전 급 보호하되, 단 여사한 권리 급 이익은 법령 제33호 유효기일 전에 선의이전에 의하여 합법적으로 취득된 것임을 요함.대한민국정부는, 본조에 언급한 재산의 귀속, 관리 급 처분에 관하여 발생한, 일절의 현재 급 미래의 청구권에 대한 책임을 포함하여, 차에 인한 일절의 책임을 자에 미국으로부터 인수하며, 미국은 그 책임을 면함.

귀속재산처리법

[시행 1949. 12. 19.] [법률 제74호, 1949. 12. 19., 제정]

제2조 본법에서 귀속재산이라 함은 단기 4281년(1948년) 9월 11일부 대한민국정부와 미국정부간에 체결된 재정 및 재산에 관한 최초협정 제5조의 규정에 의하여 대한민국정부에 이양된 일체의 재산을 지칭한다. 단, 농경지는 따로 농지개혁법에 의하여 처리한다.

제3조 귀속재산은 본법과 본법의 규정에 의하여 발하는 명령의 정하는 바에 의하여 국유 또는 공유재산, 국영 또는 공영기업체로 지정되는 것을 제한 외에는 대한민국의 국민 또는 법인에게 매각한다.

제8조 귀속재산의 매각은 좌의 4종으로 나눈다.

2. 부동산매각

귀속재산중 전호에 규정하는 기업체에 속하지 아니하는 주택, 점포, 대지 기타 부동산을 매각하는 것이다.

부 칙 〈법률 제74호, 1949. 12. 19.〉
제43조 본법을 시행하기 위하여 필요한 규정은 대통령령으로 정한다.
제46조 본법은 공포일로부터 시행한다.

귀속재산처리에관한특별조치법

[시행 1963. 5. 29.] [법률 제1346호, 1963. 5. 29., 제정]

제2조 (용어의 정의) 이 법에서 사용하는 용어의 정의는 다음과 같다.

1. 귀속재산이라 함은 귀속재산처리법 제2조에 규정된 재산을 말한다.

부　　칙 〈법률 제1346호, 1963. 5. 29.〉

제5조 (국유화조치) ①1964년 12월말일까지 매매계약이 체결되지 아니한 귀속재산은 무상으로 국유로 한다. 1964년 12월말일까지 매매계약이 체결된 귀속재산으로서 1965년 1월 1일이후 그 매매계약이 해제된 귀속재산도 또한 같다.

귀속재산과 관련한 대법원 등기예규의 주요 내용은 다음과 같다.

착오에 인한 회복등기의 말소

제정 1957. 4. 25. [등기예규 제18호, 시행]

한국인 소유부동산을 관재국에서 귀속재산으로 오인하고 회복등기를 한 경우에는 신청착오의 사실을 증명할 서면(토지대장소관청의 증명서)을 첨부하여 관재국으로부터 신청착오를 원인으로 등기말소신청을 할 수 있다.

귀속해제결정을 받지 아니한 부동산의 등기 말소절차

제정 1968. 4. 11. [등기예규 제121호, 시행]

(갑호질의)

군정법령 제33호제2조에 의하면 1945. 8. 9. 현재 일본인 또는 일본법인 소유로 등기되어 있는 부동산에 대하여는 중앙관재처의 귀속해제결정을 받아야만 귀속재산임을 면할 수 있게 되어 있고 법률 제120호 간이소송절차에 의한 귀속해제결정의 확인에 관한 법률에 의하면 위 해제결정이 있었다 하더라도 동법 소정의 절차를 거치지 않은 부동산은 그 등기가 실효되어 직권으로 말소하게 되어 있으나 상기 귀속해제결정조차 받지 아니한 해당 재산에 대하여는 아무런 결정이 없으므로 위 법 취지로 보아 직권말소 할 사안으로 해석되오나 의문이 없는 바도 아니므로 그 처리방안을 회답하여 주시기 바랍니다.

(을호회답)
불하에 인한 소유권이전등기를 할 때 소관청의 소유권이전등기 말소등기촉탁(등기원인 및 그 일자를 1945. 9. 25. 군정법령 제33호에 의하여 무효로 하여)에 의하여 말소한 연후에 위 불하에 인한 소유권이전등기를 한다.

귀속재산과 국유

제정 1989. 7. 11. [등기예규 제689호, 시행]

1945. 8. 9. 현재 등기부상 일본인 소유명의로 있는 재산은 당연히 군정법령 제33호에 의하여 1945.9.25. 부로 정부에 귀속되고, 다만 그 재산에 관하여 일본인으로부터 그 이전에 매수 기타 원인으로 그 소유권을 취득하였음을 주장하는 자는 소정기간 내에 그 취득원인사실을 들어 군정법령 제103호와 1945.4.17. 자 1948.7.28. 자 각 군정장관 지령에 의한 재산소청위원회에서 귀속해제의 재결 또는 간이소청절차에 의한 귀속해제 결정 및 법률 제120호, 제230호에 의한 확인을 받거나 혹은 법원으로부터 확정판결에 의한 귀속해제를 받아서 그 소유권을 주장할 수 있으나, 위와 같은 귀속해제조치를 받지 아니한 자는 그 소유권을 주장할 수 없고 그 소유권은 완전히 국가에 귀속된다.

(대법원 1989. 07. 11. 선고 88다카24912 판결)

군정법령 제33호에 의하여 귀속된 부동산등기의 처리

개정 2015. 12. 8. [등기예규 제1591호, 시행 2016. 1. 11.]

서기 1945. 8. 9. 현재 일본인의 명의로 등기되어 있는 부동산은 군정법령 제33호에 의하여 대한민국정부(그 당시에는 미군정청)에 귀속되었으므로 그 부동산에 관하여는 서기 1945. 8. 9. 이후 일본인의 명의로부터 한국인에게 소유권이전등기가 되었다 하더라도 이는 무효의 등기이므로 이러한 등기가 있는 부동산에 대하여 귀속재산처리법에 의거 불하에 인한 소유권이전의 등기를 함에 있어서는 그 무효의 등기를 말소(별지 소유권이전등기말소등기 촉탁서 및 기록례 참조)한 연후에 불하에 인한 소유권이전등기를 하여야 할 것이다.

부 칙(2011. 10. 11. 제1339호)
이 예규는 2011년 10월 13일부터 시행한다.

부 칙(2015. 12. 08. 제1591호)
이 예규는 2016년 1월 11일부터 시행한다.

6 · 25 전쟁으로 멸실되기 전의 임야대장을 토대로 전국의 귀속임야를 기재한 귀속 임야대장이 만들어졌고 이를 근거로 1952년 7월 26일 국유화 결정이 이루어졌고 재무부와 농림부의 협의로 국유화결정귀속(전귀속) 임야대장의 정비작업을 시행했다.

임야조사부나 보안림편입조서에 소유자로 기재돼 있어 국가에 소유권 반환소송을 할 때 반드시 산림청에 질의하여 귀속임야대장을 확인해야 한다. 귀속임야대장에는 일본인 소유로 기재되어 있기 때문이다.

제적등본을 확인하여 제적등본 성명란 우측 상단에 일본 창씨명이 병기되어 있는 경우나 제적등본 사유란에 창씨개명한 사실이 기재되어 있는지 여부를 확인해야 한다.

산림청 국유림경영과에서는 임야조사부 사정인과 연고자, 지적공부상 소유자 및 상속인에 한하여 귀속임야대장을 열람할 수 있다.

07

창씨개명

제적등본 우측에 창씨개명에 의한 일본식 씨명이 좌측에는 조상님의 성명이 표기되어 있어 국가귀속된 무주부동산과 대장에 일본인 명의로 등재되어 있는 토지가 조상님인지 여부를 확인할 수 있는 유일한 자료이다.

【출처 : 국가법령정보센터, 국가기록원】

창씨개명은 일제강점기에 조선인의 성명을 일본식 씨명으로 쓰도록 강요한 것을 말한다.

일제 조선총독부는 우리나라 사람들로 하여금 일본식 씨명을 갖게 하기 위하여 1939년 11월 10일 조선민사령 중 개정의 제령 제19호와 조선인 씨명에 관한 건을 제령 제20호로 공포하고 1939년 12월 26일 조선총독부령 제219호로 조선인의 씨명에 관한 건을 공포하여 1940년 2월 11일부터 시행하였다.

일부 친일파들은 자발적으로 창씨개명에 응하기도 하였으나, 조선인의 희망에 따라 실시하게 되었다는 창씨개명은 1940년 5월까지 창씨개명 신고 가구 수가 약 8%에 불과하자 조선총독부가 권력기구에 의한 강제, 법의 수정, 유명인의 동원 등을 이용하는 방법으로 그 비율을 약 80%까지 끌어올렸다.

조선인의 씨명에 관한 건

[시행 1940.2.11.] [조선총독부제령 제20호, 1939.11.10., 제정]

제1조 ①어력대어휘 또는 어명은 이를 성·명에 사용할 수 없다.
②자기의 성 이외의 성을 사용할 수 없다. 다만, 일가창립의 경우에는 그러하지 아니하다.

제2조 성명은 변경할 수 없다. 다만, 정당한 사유가 있는 경우에 조선총독이 정하는 바에 의하여 허가를 받은 경우에는 그러하지 아니하다.

부칙 〈제20호, 1939.11.10.〉
이 영의 시행기일은 조선총독이 정한다.

[조선인의씨명에관한건은 1940년 2월 11일부터 시행. 〈1939.12.26 조선총독부령 제219호〉]

조선인의 창씨개명 경향은 일본식 씨명으로 하는 사람은 극소수였고, 대개는 자기의 본관을 따랐으며, 일부는 원래의 성씨를 파자(한자분해)하기도 하였다.

일제 조선총독부가 창씨개명을 강요하는 방식은 주로 다음과 같았다.

○ 창씨개명을 하지 않은 사람은 식량 및 물자 배급 대상 제외
○ 자녀의 출생신고 거부
○ 자녀의 학교 입학과 진학을 거부
○ 재학생은 정학이나 퇴학 조치
○ 조선총독부 기관이나 일본인이 운영하는 회사에서 미채용
○ 현직에서 근무하는 사람은 해고 조치
○ 인허가 등 민원사무 거부
○ 일본에 입항 거부

■ 창씨개명 씨명

○ 본관채용 : 尹→海平､南原､ 坡平

○ 지명채용 : 安東 : 慶尙北道 安東

○ 선조사적 : 裵→武本(新羅 第29代 王 武烈王 後裔)

○ 한자추가 : 康→康田､康原､康本

○ 부수추가 : 呂→宮田､ 宮原､宮本

○ 부수변경 : 諸葛→葛原､ 諸岡

○ 한자파자 : 崔→佳山､山佳

○ 일부사용 : 朴→木戶､ 木村､ 木本､ 木山

○ 일본씨명 : 伊藤 : 伊藤博文

현재 유일하게 남아있는 창씨개명 자료는 1941년 조선신문사가 발행한 창씨명감입니다.

8.15 해방 이후 미군정청이 일제강점기 치하에서 창씨개명으로 일본식 씨명을 가진 조선인을 다시 한국식 성명으로 환원시키기 위하여 1946년 10월 23일 군정법령 제122호로 조선성명복구령을 공포함으로써 일본식 씨명을 갖고 있던 우리나라 사람들은 대부분 다시 한국식 성명으로 바꾸었으나 6·25 전쟁의 혼란으로 바꾸지 못해 현재 대장이나 등기부에 남아 있는 것이 상당수 존재하고 있다.

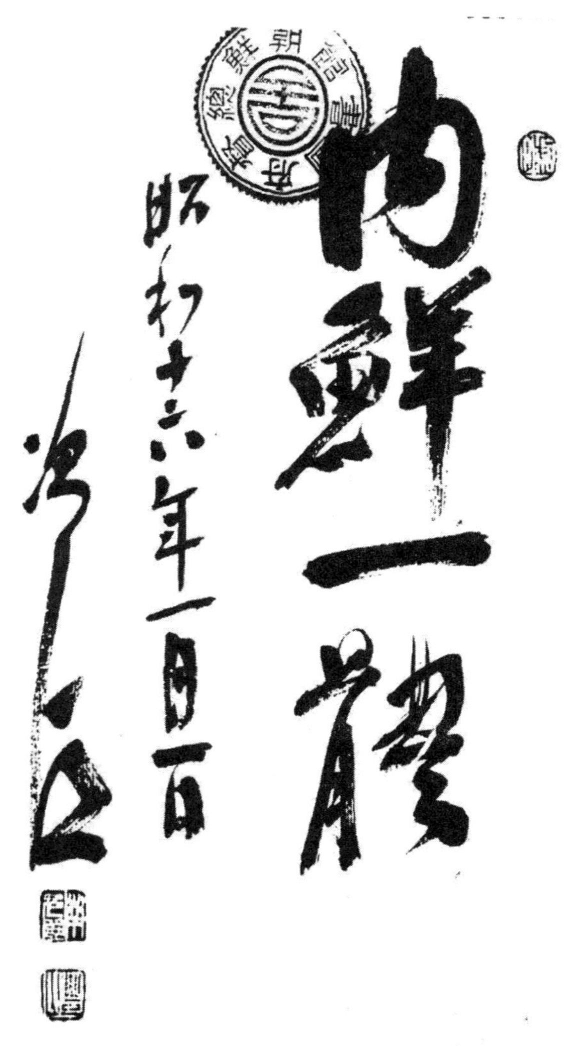

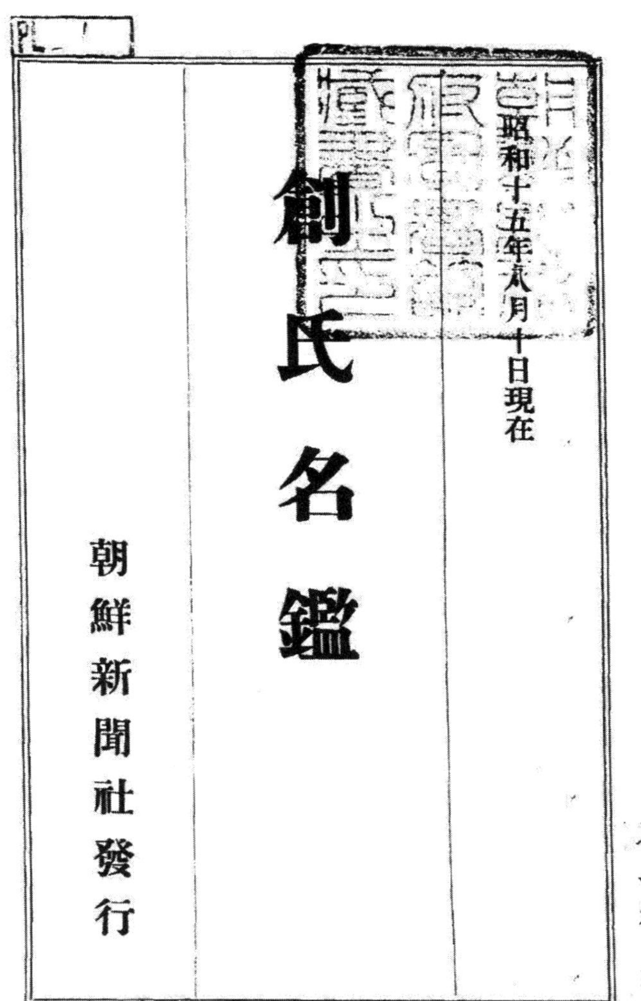
昭和十五年八月十日現在

創氏名鑑

朝鮮新聞社發行

朝鮮新聞社

創氏名鑑

目次

一

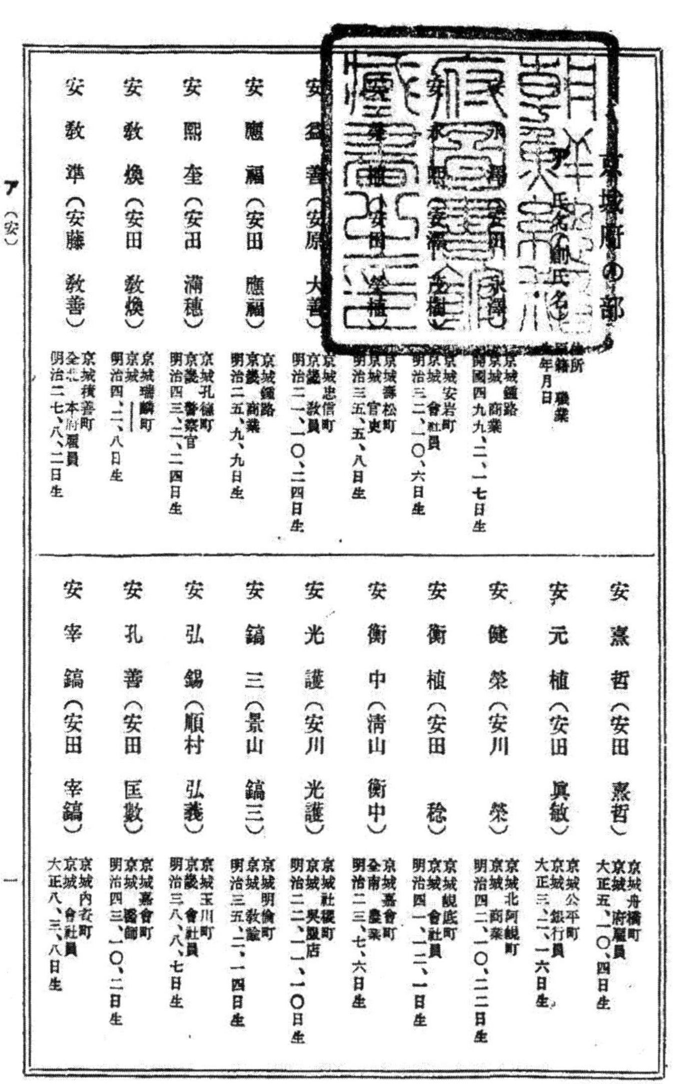

ア（安）

京城府の部

氏名（創氏名）	本籍	住所	職業	年月日
[illegible]（[illegible] 永[illegible]）	京城	鍾路	商業	開國四九九、三、一七日生
[illegible]（安[illegible] [illegible]樹）	京城	安岩町	會社員	明治三二、一〇、六日生
[illegible]（安田 [illegible]植）	京城	壽松町	官吏	明治三五、五、八日生
安益善（安原 大善）	京畿	京城忠信町	教員	明治二一、一〇、二四日生
安應福（安田 應福）	京畿	京城鐘路	商業	明治二五、九、九日生
安熙奎（安田 滿穗）	京畿	京城孔德町	警察官	明治四三、二、二四日生
安敎煥（安田 敎煥）	京城	京城瑞麟町	—	明治四、二、八日生
安敎準（安藤 敎善）	全北	京城積善町	本府雇員	明治二七、八、二日生
安熹哲（安田 熹哲）	京城	京城舟橋町	府雇員	大正五、一〇、四日生
安元植（安田 眞敏）	京城	京城公平町	銀行員	大正三、二、一六日生
安健榮（安川 榮）	京城	京城北阿峴町	商業	明治四二、一〇、二二日生
安衡植（安田 稔）	京城	京城峴底町	會社員	明治四一、一二、一日生
安衡中（清山 衡中）	全南	京城嘉會町	農業	明治二三、七、六日生
安光護（安川 光護）	京城	京城社稷町	吳服店	明治二二、一二、一〇日生
安鎬三（景山 鎬三）	京城	京城明倫町	敎諭	明治三五、二、一四日生
安弘錫（順村 弘義）	京畿	京城玉川町	會社員	明治三八、八、七日生
安孔善（安田 匡數）	京城	京城嘉會町	醫師	明治四三、一〇、二日生
安宰鎬（安田 宰鎬）	京城	京城內資町	會社員	大正八、三、八日生

一

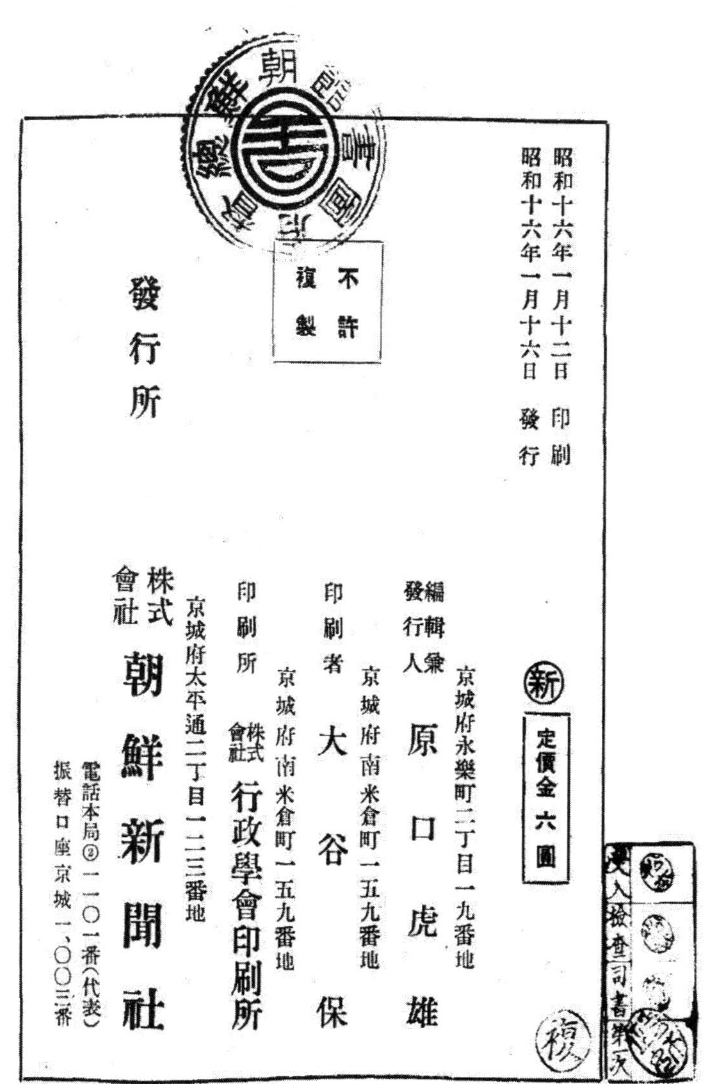

昭和十六年一月十二日 印刷
昭和十六年一月十六日 發行

不許複製

定價金 六圓

編輯發行人 京城府永樂町二丁目一九番地 原口虎雄

印刷者 京城府南米倉町一五九番地 大谷保

印刷所 京城府南米倉町一五九番地 株式會社 行政學會印刷所

發行所 京城府太平通二丁目一二三番地 株式會社 朝鮮新聞社
電話本局② 二一〇一番(代表)
振替口座京城 一、〇〇三番

조선 성명 복구령

[시행 1946.10.23.] [군정법률 제122호, 1946.10.23., 제정]

제1조 (목적) 본 영은 일본 통치시대의 창씨 제도에 의하야 일본식 씨명으로 변경된 조선성명의 간이복구를 목적으로 함.

제2조 (일본식 씨명의 실효) 일본 통치시대의 법령에 기인한 창씨 제도에 의하야 조선성명을 일본식 씨명으로 변경한 호적부 기재는 그 창초일부터 무효임을 선언함. 단, 창씨 개명하에 성립된 모든 법률 행위는 하등의 영향을 수치 아니함.
호적리는 본 영 시행일부터 60일을 경과하지 않은 기간에는 호적 개정 수속을 하지 못함.
일본식 명을 종전과 갗치 유지하고자 하는 자는 본 영 시행 후 60일 이내에 그 뜻을 호적리에게 계출함을 득함.
그 경우에 호적리는 호적의 개정 수속을 하지 않이하고 종전의 일본식 명을 완전히 보유케 함.
전항의 경우 이외에 호적리는 본 영 시행일부터 60일을 경과한 후 현행 법령에 의하야 일본식 씨명을 조선성명으로 개정함을 요함.

제3조 (명의 변경) 일본통치시대의 법령에 기인한 일본식 명의 출생 신고를 하야 조선명을 갔지 않은 자는 본 영 시행 후 6월 이내에 호적리에게 조선명으로 명 변경을 계출함을 득함.
그 경우에 호적리는 호적부의 명 변경 수속을 함.
우 기간 만료 후 일본식 명을 변경하고자 하는 자는 현행 법령에 의하야 소할재판소에 명 변경 신청을 할 수 있음.

제4조 (본 영에 배치되는 법령 실효) 본 영에 배치되는 모든 법령, 훈령 급 통첩은 그 창초일부터 무효로 함.

부칙 〈제122호, 1946.10.23.〉

제5조 (효력발생) 본 영은 공포일부터 효력이 생함.

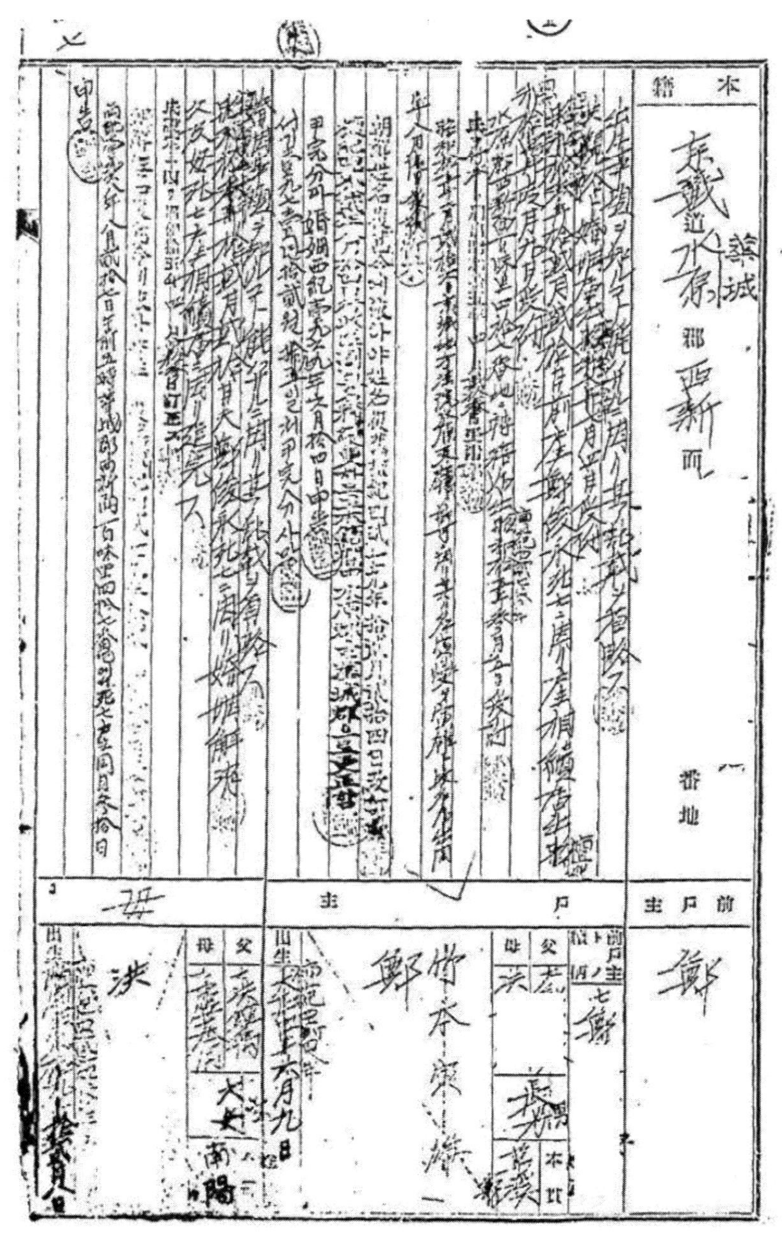

本籍

番地

前戶主

戶主

父 母

제적등본 우측에 창씨개명에 의한 일본식 씨명이 좌측에는 조상님의 성명이 표기되어 있어 국가귀속된 무주부동산과 대장에 일본인 명의로 등재되어 있는 토지가 조상님인지 여부를 확인할 수 있는 유일한 자료이다.

국유재산법 개정 전 제8조 및 개정 후 제12조와 민법 제1053조 내지 제1058조에 의거 국가로 귀속된 무주부동산은 약 660,000필지에 약 500,000,000평이나 되는 막대한 면적으로 이중 상당수가 일제강점기 치하 창씨개명한 조상님 소유일 가능성이 매우 높다.

그 예로 상당수의 상속인이 국가를 상대로 행정소송을 통하여 매년 수백 건을 승소하여 상속인이 소유권을 취득하고 있다.

제2장
6 · 25 전쟁 이후

농지개혁

분배농지부와 상환대장, 상환대장 부표 등을 확인하여 토지조사부의 소유자와 농지개혁 당시의 지주가 동일인 또는 상속인인지 확인하여야 한다.

【출처 : 국가법령정보센터, 대법원종합법률정보】

1949년 농지개혁법을 제정하고 1950년 농지개혁법 시행령 및 동법 시행규칙을 공포하면서 농지개혁법을 실시하였으나 6·25 전쟁 발발로 전면 실시가 연기되었다. 전쟁 중인 1952년 농림부에 농지관리국을 설치하고 1953년이 되어서야 본격적으로 농지개혁을 시행하여 개인에 불하하기 시작했다.

농지개혁법에 의하여 1949년 말부터 조사된 농지소표는 6·25 전쟁으로 소실된 토지대장의 소유자를 근거로 소작인, 지목, 면적 등을 나타내므로 분배농지부와 상환대장, 상환대장 부표 등을 확인하여 토지조사부의 소유자와 농지개혁 당시의 지주가 동일인 또는 상속인인지 확인하여야 한다.

농지개혁법에 의해 분배된 농지는 약 34만 정보로 전국 농지의 약 15%에 달하는 엄청난 면적이다.

농지개혁법

[시행 1949. 6. 21.] [법률 제31호, 1949. 6. 21., 제정]

제2조 본법에서 농지는 전, 답, 과수원, 잡종 기타 법적지목 여하에 불구하고 실제경작에 사용하는 토지현상에 의한다.
농지경영에 직접 필요한 지소, 농도, 수로 등은 당해 몽리 농지에 부속한다.

제5조 정부는 좌에 의하여 농지를 취득한다.
1. 좌의 농지는 정부에 귀속한다.
(가) 법령급 조약에 의하여 몰수 또는 국유로 된 농지
(나) 소유권의 명의가 분명치 않은 농지
2. 좌의 농지는 적당한 보상으로 정부가 매수한다.

(가) 농가 아닌 자의 농지

(나) 자경하지 않는 자의 농지

(다) 본법 규정의 한도를 초과하는 부분의 농지

(라) 과수원, 종묘포, 상전등 숙근성 작물재배 토지를 3정보이상 자영하는 자의 소유인 숙근성 작물재배 이외의 농지

제6조 좌의 농지는 본법으로써 매수하지 않는다.

1. 농가로서 자경 또는 자영하는 일가당 총면적 3정보이내의 소유농지 단, 정부가 인정하는 고원, 산간 등 특수지역에는 예외로 한다.
2. 자영하는 과수원, 종묘포, 상전 기타 숙근성 작물을 재배하는 농지
3. 비농가로서 소규모의 가정원예로 경작하는 500평 이내의 농지
4. 정부, 공공단체, 교육기관 등에서 사용목적을 변경할 필요가 있다고 정부가 인정하는 농지
5. 공인하는 학교, 종교단체급 후생기관 등의 소유로서 자경이내의 농지 단, 문교재단의 소유지는 별로히 정하는 바에 의하여 매수한다.
6. 학술, 연구등 특수한 목적에 사용하는 정부 인허 범위내의 농지
7. 분묘를 수호하기 위하여 종전부터 소작료를 징수하지 아니하는 기존의 위토로서 묘매일 위에 2반보이내의 농지
8. 미완성된 개간 급 간척농지 단, 기완성 부분은 특별보상으로 매수할 수 있다.
9. 본법 실시이후 개간 또는 간척한 농지 단, 국고보조에 의한 것은 전호단서에 준한다.

제8조 보상은 좌의 방법에 의하여 정부에서 발행하는 정부보증부 융통식 증권으로 소유명의자 또는 기선정한 대표자에게 지급한다.

제9조 매수농지에 설정한 담보권부 급 기타채무는 매수와 동시에 정부가 차를 인수하되 보상액 한도 내에서 제8조 방법에 의준하여 채권자에게 변제한다.

제12조 농지의 분배는 농지의 종목, 등급 급 농가의 능력 기타에 기준한 점삭제에 의거하되 1가당 총 경영면적 3정보를 초과하지 못한다.

제13조 분배받은 농지에 대한 상환액 급 상환방법은 다음에 의한다.
1. 상환액은 당해농지의 주생산물 생산량의 12할5분을 5연간 납입케 한다.
2. 상환은 5연간 균분 년부로 하여 매년 주생산물에 해당하는 현곡 또는 대금을 정부에 납입함으로써 한다.

제15조 분배받은 농지는 분배받은 농가의 대표자 명의로 등록하고 가산으로서 상속한다.

제16조 분배받은 농지에 대하여는 상환 완료까지 좌의 행위를 제한한다.
1. 매매, 증여 기타 소유권의 처분
2. 저당권, 지상권, 선취특권 기타 담보권의 설정

제18조 농지의 분배을 받은 농가가 상환금, 조세, 수세 기타 정부 또는 공인단체가 대부 또는 인수한 채무를 지변하지 못하는 경우에는 정부는 당해농지의 소유권을 반환시키기 위하여 당해농지 소관 재판소에 소송을 제기할 수 있다. 이 경우에 최종 재판소는 2심상급 재판소까지로 한다.

제20조 전2조 또는 기타에 의하여 정부가 취득한 농지는 본법에 의하여 분배한다.

제6장 부칙 〈법률 제31호, 1949. 6. 21.〉
제29조 본법은 공포일로부터 시행한다.

농지개혁과 관련한 대법원 등기예규의 주요 내용은 다음과 같다.

상환완료로 인한 분배농지취득의 효력

제정 1966. 9. 6. [등기예규 제90호, 시행]

농지분배를 받은 자가 그 농지의 소유권을 취득하는 것은 민법 제187 조에서 규정한 법률의 규정에 의한 부동산에 관한 물권의 취득에 해당하는 것이므로 등기를 요하지 않는다.

(66.9.6.선고64다450판결)

09

미지급(미불) 용지

소유자를 알 수 없어 공익사업을 위한 토지 등의 취득 및 보상에 관한 법률에 의거 수용의 형태로 법원에 토지보상금을 불확지 공탁의 형태로 보상한 후 사업을 추진하고 있으며 이에 소요되는 토지보상금은 매년 수천억 원 이상일 것으로 추정하고 있다.

【출처 : 국가법령정보센터, 대법원종합법률정보】

■ 미지급(미불)용지

미지급용지란 일명 미불용지라고도 하는데 공익사업에 편입된 용지로서 사업이 완료되었으나 보상금이 지급되지 아니한 토지를 말한다. 미지급용지는 용도가 공익사업의 부지로 제한됨으로 거래가격이 아예 형성되지 못하거나 상당히 감가되는 것이 보통이다. 따라서 현황 감정에 대한 예외규정으로 특별히 종전의 공익사업에 편입될 당시의 이용 상황을 상정하여 감정한다.

■ 미지급 도로부지

도로개설사업에 기인하여 현재 도로부지로 이용 중이나 보상금이 지급되지 않는 미지급 도로부지의 대표적인 유형으로는

- ○ 사유 토지를 국가 · 지방자치단체가 권원 없이 점유하여 사용 중인 토지 (일제강점기 강제 시공한 도로나 6 · 25 전쟁 중 시공한 작전도로 등)
- ○ 소유자 불명 토지
- ○ 토지 소유자가 수령을 포기한 토지
- ○ 기공승낙을 받아 시공하였으나 예산상의 이유나 제한물권 등에 의해 보상이 지연된 토지
- ○ 도로에 접한 토지를 보상금 지급 없이 확 · 포장하여 사용 중인 토지
- ○ 마을주민의 관습상 도로를 새마을사업으로 포장하여 사용 중인 토지

■ 부당이득금 반환대상이 아닌 미지급 도로부지

○ 일단의 주택지 조성사업 시 개설된 도로부지

○ 무상 제공에 동의한 토지

○ 독점적이고 배타적인 사용수익권을 포기한 토지

○ 기부채납 한 도로부지

○ 보상금 지급 후 국가가 미등기 한 도로부지

■ 미지급 용지에 대한 시효취득

20년간 소유의 의사로 평온·공연하게 부동산을 점유한 자는 등기함으로써 그 소유권을 취득한다. 1997년 대법원은 토지의 점유자가 점유개시 당시에 소유권 취득원인이 될 수 있는 법률행위 기타 법률요건 없이 그와 같은 법률요건이 없다는 사실을 잘 알면서 타인 소유의 부동산을 무단 점유한 것이 입증된 경우에는 특별한 사정이 없는 한 점유자는 타인의 소유권을 배척하고 점유할 의사를 갖고 있지 않다고 보아야 할 것이므로 이로서 소유의 의사가 있는 점유라는 추정은 깨어졌다고 할 것이라고 하여 타인 소유의 토지를 20년 이상 무단으로 점유한 경우에는 소유권을 인정받을 수 없다고 하여 판례를 변경하였다.

"국가·지방자치단체가 자신의 부담이나 기부의 체납 등 국유재산법 등에서 정한 공공용 재산의 취득절차를 밟거나 그 소유자들의 사용승낙을 받는 등 토지를 점유할 수 있는 일정한 권원 없이 사유토지를 도로부지에 편입시킨 경우에도 자주점유의 추정은 깨어지고 타주점유로 보아야 할 것이다"라고 판결하고 있다.

일부 지방자치단체의 경우 미지급 도로부지의 부당이득금 반환 소송에서 아직도 시효취득을 주장하여 항변하는 경우가 종종 있으나 재판부가 그 주장이 이유 없다고 배척하는 경우가 많다.

도로법

[시행 1962. 1. 1.] [법률 제871호, 1961. 12. 27., 제정]

제5조 (사권의 제한) 도로를 구성하는 부지, 지벽, 기타의 물건에 대하여서는 사권을 행사할 수 없다. 단 소유권을 이전하거나 저당권을 설정함은 예외로 한다.

부 칙 〈법률 제871호, 1961. 12. 27.〉

①본법은 단기 4295년 1월 1일부터 시행한다.

미지급용지와 관련한 대법원 등기예규의 주요 내용은 다음과 같다.

공익사업을 위한 토지 등의 취득 및 보상에 관한 법률에 의한 등기사무처리지침

개정 2011. 10. 11. [등기예규 제1388호, 시행 2011. 10. 13.]

1. 목적

이 예규는「공익사업을 위한 토지 등의 취득 및 보상에 관한 법률」에 따른 등기절차와 이와 관련된 사항에 관하여 규정함을 목적으로 한다.

2. 협의취득의 등기절차

가. 법에 의하여 미등기 토지 등의 대장상 소유명의인과 협의가 성립된 경우에는 먼저 그 대장상 소유명의인 앞으로 소유권보존등기를 한 후 사업시행자 명의로 소유권이전등기를 한다.

나. 법에 의하여 등기기록상 소유명의인과 협의가 성립된 경우에는 사업시행자 명

의로 소유권이전등기를 한다.

다. 위 가. , 나. 항에 의하여 사업시행자 명의로 소유권이전등기를 함에 있어서는 그 등기신청서에 「부동산등기규칙」 제46조제1항제1호의 등기원인을 증명하는 정보로 공공용지의 취득협의서를 첨부하여야 한다.

3. 수용의 등기절차

가. 소유권이전등기신청

(1) 토지수용을 원인으로 한 소유권이전등기신청은 사업시행자인 등기권리자가 단독으로 이를 신청할 수 있다. 다만 관공서가 사업시행자인 경우에는 그 관공서가 소유권이전등기를 촉탁하여야 한다.

(2) 등기원인은 "토지수용"으로, 원인일자는 "수용의 개시일"를 각 기재한다. 토지수용위원회의 재결에 의하여 존속이 인정된 권리가 있는 때에는 소유권이전등기신청서에 이를 기재하여야 한다.

(3) 신청서에는 일반적인 첨부서면 외에 등기원인을 증명하는 정보로 재결에 의한 수용일 때에는 토지수용위원회의 재결서등본을, 협의성립에 의한 수용일 때에는 토지수용위원회의 협의성립확인서 또는 협의성립의 공정증서와 그 수리증명서를 첨부하고, 보상을 증명하는 서면으로 보상금수령증 원본(수령인의 인감증명은 첨부할 필요 없음) 또는 공탁서 원본을 첨부하여야 한다. 그러나 등기의무자의 등기필정보를 제공할 필요는 없다.

나. 대위등기신청

가. 항의 소유권이전등기를 신청함에 있어 필요한 때에는 사업시행자는 등기명의인 또는 상속인에 갈음하여 토지의 표시 또는 등기명의인의 표시변경이나 경정, 상속으로 인한 소유권이전등기를 「부동산등기법」 제28조에 의하여 대위신청할 수 있다. 이 경우 대위원인은 "○년 ○월 ○일 토지수용으로 인한 소유권이전등기청구권"으로 기재하고, 대위원인을 증명하는 정보로 재결서등본 등을 첨부한다. 다만 소유권이전등기신청과 동시에 대위신청하는 경우에는 이를 원용하면 된다.

다. 소유권이전등기신청의 심사

(1) 토지수용으로 인한 소유권이전등기신청서에 협의서만 첨부한 경우에는 협의성립확인서를 첨부하도록 보정을 명하고, 이를 제출하지 않는 경우에는 등기신청을 수리하여서는 아니된다.

(2) 사업인정고시 후 재결 전에 소유권의 변동이 있었음에도 사업인정 당시의 소유자를 피수용자로 하여 재결하고 그에게 보상금을 지급(공탁)한 후 소유권이전등기를 신청한 경우에는 등기신청을 수리하여서는 아니된다. 다만, 등기기록상 소유자가 사망하였음을 간과하고 재결한 후 상속인에게 보상금을 지급(공탁)한 경우에는 등기신청을 수리한다.

(3) 상속인 또는 피상속인을 피수용자로 하여 재결하고 상속인에게 보상금을 지급(공탁)하였으나 피상속인의 소유명의로 등기가 되어 있는 경우에는 대위에 의한 상속등기를 먼저 한 후 소유권이전등기를 신청하여야 하므로 상속등기를 하지 아니한 채 소유권이전등기신청을 한 경우에는 이를 수리하여서는 아니된다.

라. 토지수용으로 인한 말소 등기 등

(1) 토지수용으로 인한 소유권이전등기를 하는 경우에는 다음의 등기는 등기관이 이를 직권으로 말소하여야 한다.

① 수용의 개시일 이후에 경료된 소유권이전등기. 다만, 수용의 개시일 이전의 상속을 원인으로 한 소유권이전등기는 그러하지 아니하다.

② 소유권 이외의 권리 즉 지상권, 지역권, 전세권, 저당권, 권리질권 및 임차권에 관한 등기. 다만 그 부동산을 위하여 존재하는 지역권의 등기와 토지수용위원회의 재결에 의하여 인정된 권리는 그러하지 아니하다.

③ 가등기, 가압류, 가처분, 압류 및 예고등기

(2) 등기관이 위 (1) 항에 의하여 등기를 말소한 때에는「부동산등기사무의 양식에 관한 예규」별지 제32호 양식의 말소통지서에 의하여 등기권리자에게 등기를 말소한 취지를 통지하여야 한다. 말소한 등기가 채권자대위에 의한 것인 경우에는 채권자에게도 통지하여야 한다.

마. 재결의 실효를 원인으로 한 소유권이전등기의 말소신청 등

토지수용의 재결의 실효를 원인으로 하는 토지수용으로 인한 소유권이전등기의 말소의 신청은 등기의무자와 등기권리자가 공동으로 신청하여야 하며, 이에 의하여 토지수용으로 인한 소유권이전등기를 말소한 때에는 등기관은 토지수용으로 말소한 등기를 직권으로 회복하여야 한다.

부 칙(2011. 10. 11. 제1388호)

이 예규는 2011년 10월 13일부터 시행한다.

도로법에 의해 미지급된 도로부지는 소유권은 인정되지만 나머지 사권을 설정할 수 없어 도로점용료 수익도 도로관리청이 갖고 있다. 따라서 상속인은 도로부지 사용에 대한 부당이득금을 도로관리청에 청구할 수 있다.

이러한 미지급 도로부지는 아직까지 전국적으로 셀 수 없이 많이 남아 있어 국가·지방자치단체에서는 매년 수백억 원의 예산을 편성하여 보상하고 있으나 실적은 미미한 상황이다.

신도시 건설, 하천공사, 철도건설 등 국가·지방자치단체에서 시행하는 공익사업에 편입된 용지뿐만 아니라 법인이 국토의 계획 및 이용에 관한 법률 등 개별법에 의해 사업인정을 받고 시행하는 사업에 편입된 토지가 소유자를 알 수 없어 공익사업을 위한 토지 등의 취득 및 보상에 관한 법률에 의거 수용의 형태로 법원에 토지보상금을 불확지 공탁의 형태로 보상한 후 사업을 추진하고 있으며 이에 소요되는 토지보상금은 매년 수천억 원 이상일 것으로 추정하고 있다.

조상님 성명 · 일본 씨명 부동산

일제강점기에 토지조사부를 작성한 후 소유권 변동이 없는 토지가 상당수 존재하는 것으로 나타났으며 이는 종중 소유 토지 이거나 조상님의 직계 존비속이 아닌 형제자매와 8촌 이내 방계혈족에게 상속되었으나 상속인이 인지하지 못해 소유권 변동이 이루어지지 않은 것이라 판단된다.

【출처 : 대법원종합법률정보, 정부24 전자민원】

일제강점기에 시행한 토지조사사업의 결과 소유자를 확정하는 사정 및 재결의 절차를 거쳐 토지조사부를 작성 등사하여 한지부책식 구 토지대장을 제작하였고 이를 근거로 구 토지등기부를 제작하였다. 이후 소유권에 대해서는 등기부 우선주의를 채택하여 소유자 변동이 있을 경우에는 등기부를 근거로 대장의 소유자를 변경하였다.

수십만 필지에 달하는 대장과 등기부가 민족의 비극인 6 · 25 전쟁으로 대량 소실되고 소유자가 행방불명이나 사망하였음에도 상속인에게 상속되지 않고 지적공부와 등기부에 조상님의 성명이나 일본 씨명으로 기재되어 방치되고 있거나 소실된 지적공부를 지방자치단체가 복구하였으나 조상님 성명이나 일본 씨명 또는 공란으로 표기되어 방치되고 있는 실정이다.

국가에서는 국유재산법과 민법의 규정에 의거 상기 내용의 토지를 국가로 무상귀속 시키고 있으나 국유재산 관리기관인 조달청의 한정된 인력과 처리시스템 미비로 처리기간이 6.5년이란 장기간 소요되어 아직 수십만 필지에 달하는 일제강점기 치하 조상님 성명이나 일본 씨명으로 표기된 대장과 등기부가 존재하고 있다.

필자가 십 수 년에 걸쳐 지적공부인 토지대장을 면밀히 검토한 결과 일제강점기에 토지조사부를 작성한 후 소유권 변동이 없는 토지가 상당수 존재하는 것으로 나타났으며 이는 종중 소유 토지 이거나 조상님의 직계 존비속이 아닌 형제자매와 8촌 이내 방계혈족에게 상속되었으나 상속인이 인지하지 못해 소유권 변동이 이루어지지 않은 것이라 판단된다.

국세인 상속세는 국세기본법에 따라 무신고하게 되는 경우 15년간 부과할 수 있다. 따라서 현행 법령에 따라 상속세 신고가 누락된 이후 15년이 경과했다면 현행 세법상 이에 대한 상속세를 과세하기 어려워 일제강점기 치하 조상님 성명이나 일본 씨명으로 되어 있는 토지에 대한 상속세를 부과할 수 없다는 결론에 이른다.

이는 국세기본법의 기본 목적인 공정과세를 어렵게 하여 상대적으로 세금을 성실 납부하고 있는 일반인들이 피해를 보게 됨은 물론 국가 세수 탈루 · 탈세로 인한 재정 건전성에도 문제가 된다고 본다.

국가가 장기간 소유권 변동이 없는 토지에 대한 불합리한 사실을 인지하고 있으나 단시간에 해소할 수 없다면 공공성을 지닌 법률 전문가인 변호사 · 법무법인에 행정기관 및 국가기록원에 있는 자료를 열람할 수 있도록 한시적으로 허용하도록 관련 규정을 개정하여 조세형평을 분명히 하고 국가의 근간인 토지에 대한 지적이동을 명확히 하여 국토를 건강하게 관리해야 하고 재정건전성을 확보해야 한다.

일본인 명의 부동산과 관련한 대법원 등기예규의 주요 내용은 다음과 같다.

등기부상 일본인 명의 부동산에 대한 등기처리의 정확

제정 1967. 8. 21. [등기예규 제111호, 시행]

① 일본인명(국유)으로 등기부에 기재되어 있는 부동산을 호적등본 등을 위조하여 마치 창씨개명한 것처럼 성명복구 또는 호주상속 등 등기를 하여 국유재산을 개인소유인 양 처리된 사례가 있는바 창씨제도는 1940. 2. 11. 부터 시행된 것이므로 그 전에 이미 일본인명으로 등기부상에 기재되어 있는 부동산은 국가에 귀속된 재산이므로 군정법령 제33호에 의하여 국 명의로 권리귀속의 등기를 한 후가 아니면 일체의 처분행위를 못한다.

② 1940. 2. 11. 이후라 할지라도 일본인명의와 유사한 씨명으로 등기되어 있는 부동산에 대하여 상속등기나 성명 복구등기 신청이 있는 때에는 첨부된 제적등본이나 호적등본의 내용을 면밀히 조사하여 처리할 것.

③ 다만, 농지개혁법에 의하여 분배된 농지의 소유권이전등기는 예외로 한다.

고유번호	3611064041-10577-0000		
토지소재	세종특별자치시 금남면 영곡리		
지번	577	축척	1:1200

토지 대장

도면번호	7	발급번호	202068110-00232-8639
장번호	1-1	처리시각	09시 52분 19초
비고		발급자	인터넷민원

토지표시			소유자		
지목	면적(㎡)	사유	변동일자	주소	
			변동원인	성명 또는 명칭	등록번호
(01) 전	1269	(62)2012년 07월 01일 충청남도 연기군 금남면 577번에서 행정관할구역변경	1911년 12월 06일	봉곡리	
			(01)사정	윤영기	
		--- 이하 여백 ---		--- 이하 여백 ---	

등급수정 년월일	1984. 07. 01. 수정	1991. 01. 01. 수정	1992. 01. 01. 수정	1993. 01. 01. 수정	1994. 01. 01. 수정	1996. 01. 01. 수정		
토지등급 (기준수확량등급)	81	95	105	108	110	120		
개별공시지가기준일	2014년 01월 01일	2015년 01월 01일	2016년 01월 01일	2017년 01월 01일	2018년 01월 01일	2019년 01월 01일	2020년 01월 01일	용도지역 등
개별공시지가(원/㎡)	95200	115600	134200	146800	147000	152200	160600	

토지 대장에 의하여 작성한 열람본입니다.

2020년 8월 19일

세종특별자치시장

고유번호	4415066065 - 10694 - 0000		
토지소재	충청남도 공주시 의당면 도신리		
지번	594	축척	1:1200

토지 대장

도면번호	20	발급번호	202044150-00150-8122
장번호	1-1	처리시각	10시 00분 28초
비고		발급자	인터넷민원

토지표시			소유자		
지목	면적(㎡)	사유	변동일자	주소	
			변동원인	성명 또는 명칭	등록번호
(08) 대	1276	(61)1996년 01월 01일 공주군에서 행정관할구역변경	1912년 12월 20일	덕학리	
			(01)사정	강응주	
		--- 이하 여백 ---		--- 이하 여백 ---	

등급수정 년월일	1984. 07. 01. 수정	1987. 08. 01. 수정	1991. 01. 01. 수정	1992. 01. 01. 수정	1993. 01. 01. 수정	1994. 01. 01. 수정	1996. 01. 01. 수정	
토지등급 (기준수확량등급)	90	92	99	103	106	109	110	
개별공시지가기준일	2014년 01월 01일	2015년 01월 01일	2016년 01월 01일	2017년 01월 01일	2018년 01월 01일	2019년 01월 01일	2020년 01월 01일	용도지역 등
개별공시지가(원/㎡)	54800	53000	54800	58200	66600	70200	75600	

토지 대장에 의하여 작성한 열람본입니다.

2020년 8월 19일

충청남도 공주시장

고유번호	4415068028 - 20042 - 0000		
토지소재	충청남도 공주시 계룡면 구왕리		
지번	산42	축척	1:6000

임야 대장

도면번호	4	발급번호	202044160-00150-8149
장번호	1-1	처리시각	10시 14분 41초
비고		발급자	인터넷민원

토지표시			소유자		
지목	면적(㎡)	사유	변동일자	주소	
			변동원인	성명 또는 명칭	등록번호
(05) 임야	6645	(51)1996년 01월 01일 공주군에서 행정관할구역변경	1917년 09월 10일	공주면 상반정	
			(01)사정	차진완	
		---- 이하 여백 ----		---- 이하 여백 ----	

등급수정 년월일	1985.07.01. 수정	1987.08.01. 수정	1989.01.01. 수정	1990.01.01. 수정	1991.01.01. 수정	1992.01.01. 수정	1993.01.01. 수정	1994.01.01. 수정
토지등급 (기준수확량등급)	51	53	56	64	73	76	77	80
개별공시지가기준일	2014년 01월 01일	2015년 01월 01일	2016년 01월 01일	2017년 01월 01일	2018년 01월 01일	2019년 01월 01일	2020년 01월 01일	용도지역 등
개별공시지가(원/㎡)	3470	3550	3640	3910	4120	4370	4570	

임야 대장에 의하여 작성한 열람본입니다.

2020년 8월 19일

충청남도 공주시장

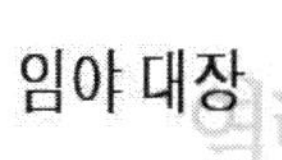

임야 대장

고유번호	4415065028 - 20084 - 0000		
토지소재	충청남도 공주시 계룡면 구왕리		
지번	산84	축척	1:6000

도면번호	4	발급번호	202044150-00150-8154
장번호	1-1	처리시각	10시 18분 55초
비고		발급자	인터넷민원

토지표시			소유자		
지목	면적(㎡)	사유	변동일자	주소	
			변동원인	성명 또는 명칭	등록번호
(05) 임야	8727	(51)1996년 01월 01일 공주군에서 행정관할구역변경	1940년 06월 20일	경성부 종로 오정목	
			(03)소유권이전	김희장	
		--- 이하 여백 ---		--- 이하 여백 ---	

등급수정 년월일	1987. 06. 01. 수정	1988. 01. 01. 수정	1990. 01. 01. 수정	1991. 01. 01. 수정	1992. 01. 01. 수정	1993. 01. 01. 수정	1994. 01. 01. 수정	1996. 01. 01. 수정
토지등급 (기준수확량등급)	55	58	64	75	80	85	90	98
개별공시지가기준일	2014년 01월 01일	2015년 01월 01일	2016년 01월 01일	2017년 01월 01일	2018년 01월 01일	2019년 01월 01일	2020년 01월 01일	용도지역 등
개별공시지가(원/㎡)	3470	3550	3640	3910	4120	4370	4570	

임야 대장에 의하여 작성한 열람본입니다.

2020년 8월 19일

충청남도 공주시장

토지 대장

고유번호	3611036027 - 10440 - 0000		
토지소재	세종특별자치시 연서면 청라리		
지번	440	축척	수치

도면번호	7	발급번호	202038110-00253-4606
장번호	1-1	처리시각	21시 40분 21초
비고		발급자	인터넷민원

토지표시			소유자		
지목	면적(㎡)	사유	변동일자	주소	
			변동원인	성명 또는 명칭	등록번호
(01) 전	661.0	(55)2019년 12월 20일 지적재조사 완료	1941년 01월 28일	314	
			(03)소유권이전	김경남철	
		--- 이하 여백 ---		--- 이하 여백 ---	

등급수정 년월일								
토지등급 (기준수확량등급)								
개별공시지가기준일	2020년 01월 01일							용도지역 등
개별공시지가(원/㎡)	74700							

토지 대장에 의하여 작성한 열람본입니다.

2020년 9월 9일

세종특별자치시장

고유번호	3611037035 - 10394 - 0000		
토지소재	세종특별자치시 전의면 다방리		
지번	394	축척	1:1200

토지 대장

도면번호	18	발급번호	202036110-00253-4651
장번호	1-1	처리시각	21시 48분 15초
비고		발급자	인터넷민원

토지표시			소유자		
지목	면적(㎡)	사유	변동일자	주소	
			변동원인	성명 또는 명칭	등록번호
(02) 답	4817	(51)1987년 01월 01일 행정관할구역변경	1941년 02월 05일	504	
			(03)소유권이전	김정안웅	
(02) 답	4556	(20)2012년 02월 08일 분할되어 본번에 -1, -2를 부함		--- 이하 여백 ---	
(02) 답	4631	(30)2012년 06월 12일 394-1번과 합병			
(02) 답	4631	(50)2012년 07월 01일 충청남도 연기군에서 행정구역명칭변경			

등급수정 년월일	1979. 07. 01. 수정	1984. 07. 01. 수정	1990. 01. 01. 수정	1991. 01. 01. 수정	1992. 01. 01. 수정			
토지등급 (기준수확량등급)	(22)	90	105	109	112			
개별공시지가기준일	2014년 01월 01일	2015년 01월 01일	2016년 01월 01일	2017년 01월 01일	2018년 01월 01일	2019년 01월 01일	2020년 01월 01일	용도지역 등
개별공시지가(원/㎡)	21400	23400	30100	30100	32100	32600	33600	

토지 대장에 의하여 작성한 열람본입니다.

2020년 9월 9일

세종특별자치시장

지적복구

1975년 12월 31일 이전에 법적 근거 없이 단기간에 국가의 재정확보 등의 필요에 의해 지적복구한 사항은 부정확성 때문에 소유권 분쟁의 원인이나 한정된 관리 인력으로 지적복구한 토지를 전면 재조사 등의 해결방안이 없어 상황에 따라 소송이나 등록사항정정 등의 방법으로 국민의 민원을 해소하고 있는 실정이다.

【출처 : 국가법령정보센터, 대법원종합법률정보】

민족의 비극인 6 · 25 전쟁으로 소관청에서 보관하던 수많은 지적공부가 소실되었으며 이는 국가 재정수입에 막대한 타격을 주었다. 이러한 필요에 따라 국가 주도로 지적공부를 원상회복하였는데 이를 지적복구라 한다.

지적공부의 대량 소실로 지적복구의 기초자료가 불충분하고 토지소유자의 행방불명이나 사망 등으로 소유자가 확인이 안 되는 등 지적복구에 어려움이 많았으며 이를 복구하였다 하더라도 부정확한 내용이 많아 소유권 분쟁의 원인이 되고 있다.

1962년 지적업무가 재무부에서 내무부로 이관하여 토지조사부, 지세명기장을 근거로 지적복구를 하였으나 이는 사정 당시를 기준하면 그동안 매매행위가 없었다고 단정할 수 없어 기초자료에 의하여 소유자를 지적복구한 사항에 대해서 대법원에서는 지적 법령에 근거가 없다고 하여 복구된 대장에 소유자 성명이 기재되어 있다 하더라도 이를 복구된 대장이라 할 수 없고 권리추정력을 인정할 수 없다고 판시하였다.

이에 따라, 1975년 12월 31일 전부개정하고 1976년 4월 1일부터 시행한 지적법에 지적공부 복구에 관한 사항을 규정하면서 소유자란 복구는 등기부등본 또는 법원의 확정판결에 의거 복구하도록 하였다.

지적법

[시행 1976. 4. 1.] [법률 제2801호, 1975. 12. 31., 전부개정]

제13조 (지적공부의 복구) 소관청은 지적공부가 멸실된 때에는 대통령령이 정하는 바에 따라 지체없이 이를 복구하여야 한다.

부　　칙 〈법률 제2801호, 1975. 12. 31.〉

제1조 (시행일) 이 법은 공포후 3월이 경과한 날로부터 시행한다.

지적법시행령

[시행 1976. 5. 7.] [대통령령 제8110호, 1976. 5. 7., 전부개정]

제10조 (지적공부의 복구) 법 제13조의 규정에 의하여 지적공부를 복구하고자 할 때에는 소관청은 내무부령이 정하는 바에 따라 멸실 당시의 지적공부와 가장 부합된다고 인정되는 관계자료에 의거하여 토지표시에 관한 사항을 복구 등록하여야 한다. 다만, 소유자에 관한 사항은 부동산등기부나 법원의 확정판결에 의하지 아니하고서는 복구등록할 수 없다.

부　　칙 〈대통령령 제8110호, 1976. 5. 7.〉

제1조 (시행일) 이 영은 공포한 날로부터 시행한다.

지적법시행규칙

[시행 1976. 5. 7.] [내무부령 제208호, 1976. 5. 7., 제정]

제14조 (복구자료) ①영 제10조의 규정에 의한 지적공부의 복구등록에 관한 관계자료는 다음과 같다.

1. 지적공부등본
2. 측량원도

3. 지적공부 부본 및 약도

4. 지적공부 및 동 집계표 이동정리 결의서

5. 부동산등기부등본 또는 등기사실을 증명하는 서류

6. 소관청이 작성하거나 발행한 지적공부의 등록내용을 증명하는 서류

7. 기타 토지표시에 관한 사항에 관련된 법원의 판결서

②소관청이 제1항의 규정에 의한 관계자료에 의하여 지적공부를 복구하였을 때에는 15일간 소관청의 게시판에 이를 게시하여야 한다.

부　　칙 〈내무부령 제208호, 1976. 5. 7.〉

①(시행일) 이 규칙은 공포한 날로부터 시행한다.

지적복구와 관련한 대법원 등기예규의 주요 내용은 다음과 같다.

등기부의 전부 또는 일부가 멸실된 경우 그 회복등기신청기간이 경과된 후의 등기절차 등

제정 1991. 1. 30. [등기예규 제716호, 시행]

6. 25사변 기타 재난으로 인하여 등기부의 전부 또는 일부가 멸실되었으나 회복등기신청 기간 내에 회복등기의 신청을 하지 못하여 그 기간이 경과한 후에는 설사 등기권리자가 전 등기의 등기필증을 소유하고 있다고 하여도 회복등기 방법에 의하여는 그 등기를 할 수 없으며, 일반 절차에 따라 새로운 보존등기를 신청하여야 하나(부동산등기법 제130조주1) 참조), 이 경우 지적공부 역시 멸실된 상태라면 지적법 제13조, 동시행령 제13조, 동시행규칙 제18조주2)의 규정에 따라 먼저 지적공부를 복구등록한 후 그 대장등본을 첨부하여(지적복구시 소유자에 관한 사항이 복구되지 아니하였다면 소송에 의하여 소유권확인판결을 받아 이를 함께 첨부하여야 함) 소유권보존등기를 신청할 수 있다.

미등기부동산의 소유권보존등기 신청인에 관한 업무처리지침

개정 2013. 2. 22. [등기예규 제1483호, 시행 2013. 2. 22.]

1. 목적

이 예규는「부동산등기법」제65조에 의하여 미등기부동산의 소유권보존등기를 신청할 수 있는 자에 관한 구체적인 사항을 규정함을 목적으로 한다.

2. 법 제65조제1호의 신청인의 범위

가. 대장등본에 의하여 자기 명의로 소유권보존등기를 신청할 수 있는 자

(1) 대장에 최초의 소유자로 등록된 자

(가) 대장등본에 의하여 소유권보존등기를 신청할 수 있는 자는 대장에 최초의 소유자로 등록되어 있는 자(대장상 소유자의 성명, 주소 등의 일부 누락 또는 착오가 있어 대장상 소유자표시를 정정 등록한 경우를 포함한다) 또는 그 상속인, 그 밖의 포괄승계인(포괄적 수증자, 법인이 합병된 경우 존속 또는 신설 법인, 법인이 분할된 경우 분할 후 법인 등)이어야 한다.

(나) 대장에 소유명의인으로 등록된 후 성명복구(일본식 씨명이 군정법령 제122호인 조선성명복구령 또는 종전 호적 관련 법령이나 예규 등에 의하여 대한민국식 성명으로 종전 호적에 복구된 경우를 말한다), 개명, 주소변경 등으로 등록사항에 변경이 생긴 경우에는 대장등본 외에 제적등본,「가족관계의 등록 등에 관한 법률」제15조제1항제2호의 기본증명서, 주민등록표등본 등 변경사실을 증명하는 서면을 첨부하여 소유권보존등기를 신청할 수 있다.

(2) 대장에 최초의 소유자로 복구된 자

(가) 대장 멸실 후 복구된 대장에 최초의 소유자로 기재(복구)된 자는 그 대장등본에 의하여 소유권보존등기를 신청할 수 있다. 다만, 1950. 12. 1. 법률 제165호로 제정된 구「지적법」(1975. 12. 31. 법률 제2801호로 전문개정되기 전의 것)이 시행된 시기에 복구된 대장에 법적 근거 없이 소유자로 기재(복구)된 자는 그 대장등본에 의한 소유권보존등기를 신청할 수 없다.

(나) 현재의 대장의 기초가 되었던 폐쇄된 구 대장의 기재내용 또는 형식으로 보아 대장 멸실 후 위 (가) 의 단서에 해당하는 시기에 소유자가 복구된 것으로 의심되는 경우(구 대장상 당해 토지를 일제시대에 사정받은 것으로 되어 있으나

소유자 표시란에 일제시대의 용어인 '씨명 우ハ 명칭' 대신 '성명 우는 명칭'과 같이 우리나라식 용어인 '성명'이나 한글 '는'이 기재되어 있는 경우 등), 등기관은 소유자 복구 여부에 대하여 신청인으로 하여금 소명하게 하거나 대장 소관청에 사실조회를 할 수 있고, 그 소명 또는 사실조회 결과 대장상 최초의 소유자가 위 (가) 의 단서에 해당하는 시기에 법적 근거 없이 복구된 것으로 밝혀진 때에는, 그 대장등본에 의한 소유권보존등기를 신청할 수 없다.

(3) 대장상 소유권이전등록을 받은 자

대장상 소유권이전등록을 받은 소유명의인 또는 그 상속인, 그 밖의 포괄승계인은 아래 각 호의 경우를 제외하고는 자기 명의로 직접 소유권보존등기를 신청할 수 없고, 대장상 최초의 소유자 명의로 소유권보존등기를 한 다음 자기 명의로 소유권이전등기를 신청하여야 한다.

(나) 미등기 토지의 지적공부상 '국'으로부터 소유권이전등록을 받은 경우

3. 법 제65조제2호의 "판결"의 의미

가. 소유권을 증명하는 판결에 있어서의 상대방

법 제65조제2호의 소유권을 증명하는 "판결"(판결과 동일한 효력이 있는 화해조서, 제소전화해조서, 인낙조서, 조정조서를 포함한다)은 다음 각 호에 해당하는 자를 대상으로 한 것이어야 한다.

(1) 토지(임야)대장 또는 건축물대장상에 최초의 소유자로 등록되어 있는 자 또는 그 상속인, 그 밖의 포괄승계인(대장상 소유자 표시에 일부 오류가 있어 대장상 소유자 표시를 정정등록한 경우의 정정등록된 소유명의인을 포함한다).

(3) 미등기토지의 지적공부상 "국"으로부터 소유권이전등록 받은 자

(4) 토지(임야)대장상의 소유자 표시란이 공란으로 되어 있거나 소유자표시에 일부 누락이 있어 대장상의 소유자를 특정할 수 없는 경우에는 국가

나. 판결의 종류

소유권을 증명하는 판결은 보존등기신청인의 소유임을 확정하는 내용의 것이어야 한다. 그러나 그 판결은 소유권확인판결에 한하는 것은 아니며, 형성판결이나 이행판결이라도 그 이유중에서 보존등기신청인의 소유임을 확정하는 내용의 것이면 이에 해당한다.

다. 위 판결에 해당하는 경우의 예시

다음 각 호의 판결은 법 제65조제2호의 판결에 해당한다.

(1) 당해 부동산이 보존등기 신청인의 소유임을 이유로 소유권보존등기의 말소를 명한 판결
(2) 토지대장상 공유인 미등기토지에 대한 공유물분할의 판결. 다만 이 경우에는 공유물분할의 판결에 따라 토지의 분필절차를 먼저 거친 후에 보존등기를 신청하여야 한다.

라. 위 판결에 해당하지 않는 경우의 예시

다음 각 호의 판결은 법 제65조제2호의 판결에 해당하지 않는다.

(1) 매수인이 매도인을 상대로 토지의 소유권이전등기를 구하는 소송에서 매도인이 매수인에게 매매를 원인으로 한 소유권이전등기절차를 이행하고 당해 토지가 매도인의 소유임을 확인한다는 내용의 화해조서
(2) 건물에 대하여 국가를 상대로 한 소유권확인판결
(3) 건물에 대하여 건축허가명의인(또는 건축주)을 상대로 한 소유권확인판결

4. 법 제65조제4호의 특별자치도지사, 시장, 군수 또는 구청장의 확인서의 요건

가. 법 제65조제4호의 소유권을 증명하는 시장 등의 확인서에 해당하기 위해서는 시장 등이 발급한 증명서로서 다음 각 호의 요건을 모두 구비하여야 한다.

(1) 건물의 소재와 지번, 건물의 종류, 구조 및 면적 등 건물의 표시
(2) 건물의 소유자의 성명이나 명칭과 주소나 사무소의 소재지 표시

나. 위 확인서에 해당하는지 여부에 대한 판단

(1) 판단기준어떤 서면이 법 제65조제4호의 확인서에 해당하는지 여부를 판단함에 있어서는 위 가. 의 요건을 기준으로 하여야 한다.
(2) 구체적으로 문제되는 경우의 예시

(가) 납세증명서 및 세목별과세증명서

「지방세기본법」 제63조제2항에 의하여 교부받은 「지방세기본법 시행규칙」 별지 제23호 서식의 납세증명서 및 「민원사무처리에 관한 법률」에 의하여 교부받은 세목별과세증명서는 법 제65조제4호의 확인서에 해당하지 않는다.

(나) 사용승인서

「건축법」 제22조제2항에 의하여 교부받은 「건축법 시행규칙」 별지 제18호 서식의 건축물 사용승인서는 법 제65조제4호의 확인서에 해당하지 않는다.

(다) 사실확인서

시장 등이 발급한 사실확인서로서, 건물의 소재와 지번, 건물의 종류, 구조, 면적

등 건물의 표시와 소유자의 표시 및 그 건물이 완성되어 존재한다는 사실이 기재되어 있고, 특히 집합건물의 경우에는 1동건물의 표시 및 1동의 건물을 이루는 모든 구분건물의 표시가 구체적으로 기재되어 있다면 법 제65조제4호의 확인서에 해당할 수 있을 것이다. 다만, 구체적인 경우에 그 해당여부는 담당 등기관이 판단할 사항이다.

(라) 임시사용승인서, 착공신고서, 건물현황사진, 공정확인서, 현장조사서, 건축허가서 등은 법 제65조제4호의 확인서에 해당하지 않는다.

부 칙(2007. 12. 11. 제1224호)
이 예규는 2008. 1. 1.부터 시행한다.

부 칙(2008. 06. 13. 제1253호)
이 예규는 2008. 7. 1.부터 시행한다.

부 칙(2011. 10. 12. 제1427호)
이 예규는 2011년 10월 13일부터 시행한다.

부 칙(2013. 02. 22. 제1483호)
이 예규는 즉시 시행한다.

1975년 12월 31일 이전에 법적 근거 없이 단기간에 국가의 재정확보 등의 필요에 의해 지적복구한 사항은 부정확성 때문에 소유권 분쟁의 원인이나 한정된 관리 인력으로 지적복구한 토지를 전면 재조사 등의 해결방안이 없어 상황에 따라 소송이나 등록사항정정 등의 방법으로 국민의 민원을 해소하고 있는 실정이다.

제3장

현재 상황 및 제도

12

무주부동산 국가귀속

국유재산법 개정 전 제8조 및 개정 후 제12조의 규정에 따라 관보에 게시하고 국유화를 시행하고 있다.

이렇게 국가로 무상 귀속된 무주부동산은 약 660,000필지에 약 500,000,000평이나 되는 막대한 면적이다.

[출처 : 국가법령정보센터, 전자관보]

무주부동산의 국가귀속이란 영미법상 개념으로 상속인 없는 재산이 과거 국왕이나 영주에게 귀속되었고 현대에서는 정부에 귀속되는 것을 말하는 것으로 우리나라는 민법 제252조와 국유재산법 제12조에 의해 국가로 무상 귀속하고 있다.

민 법

[시행 1960. 1. 1.] [법률 제471호, 1958. 2. 22., 제정]

제252조 (무주물의 귀속) ①무주의 동산을 소유의 의사로 점유한 자는 그 소유권을 취득한다.

②무주의 부동산은 국유로 한다.

제1053조 (상속인없는 재산의 관리인) ①재산상속인의 존부가 분명하지 아니한 때에는 법원은 제777조의 규정에 의한 피상속인의 친족 기타 이해관계인 또는 검사의 청구에 의하여 상속재산관리인을 선임하고 지체없이 이를 공고하여야 한다.

②제24조 내지 제26조의 규정은 전항의 재산관리인에 준용한다.

제1054조 (재산목록제시와 상황보고) 관리인은 상속채권자나 유증받은 자의 청구가 있는 때에는 언제든지 상속재산의 목록을 제시하고 그 상황을 보고하여야 한다.

제1055조 (상속인의 존재가 분명하여진 경우) ①관리인의 임무는 그 상속인이 상속의 승인을 한 때에 종료한다.

②전항의 경우에는 관리인은 지체없이 그 상속인에 대하여 관리의 계산을 하여야 한다.

제1056조 (상속인없는 재산의 청산) ①제1053조제1항의 공고있은 날로부터 3월내에 상속인의 존부를 알 수 없는 때에는 관리인은 지체없이 일반상속채권자와 유증받은 자에 대하여 일정한 기간내에 그 채권 또는 수증을 신고할 것을 공고하여야 한다. 그 기간은 2월이상이어야 한다.

②제88조제2항, 제3항, 제89조, 제1033조 내지 제1039조의 규정은 전항의 경

우에 준용한다.

제1057조 (상속인수색의 공고) 전조제1항의 기간이 경과하여도 상속인의 존부를 알 수 없는 때에는 법원은 관리인의 청구에 의하여 상속인이 있으면 일정한 기간내에 그 권리를 주장할 것을 공고하여야 한다. 그 기간은 2년이상이어야 한다.

제1057조(상속인수색의 공고) 제1056조제1항의 기간이 경과하여도 상속인의 존부를 알 수 없는 때에는 법원은 관리인의 청구에 의하여 상속인이 있으면 일정한 기간내에 그 권리를 주장할 것을 공고하여야 한다. 그 기간은 1년 이상이어야 한다. <2005. 3. 31 >

제1057조의2(특별연고자에 대한 분여) ①제1057조의 기간내에 상속권을 주장하는 자가 없는 때에는 가정법원은 피상속인과 생계를 같이 하고 있던 자, 피상속인의 요양간호를 한 자 기타 피상속인과 특별한 연고가 있던 자의 청구에 의하여 상속재산의 전부 또는 일부를 분여할 수 있다. <2005. 3. 31 >

②제1항의 청구는 제1057조의 기간의 만료후 2월 이내에 하여야 한다. <2005. 3. 31.>

제1058조 (상속재산의 국가귀속) ①전조의 기간내에 상속권을 주장하는 자가 없는 때에는 상속재산은 국가에 귀속한다.

②제1055조제2항의 규정은 전항의 경우에 준용한다.

제1058조 (상속재산의 국가귀속) ①제1057조의2의 규정에 의하여 분여되지 아니한 때에는 상속재산은 국가에 귀속한다. <2005. 3. 31.>

②제1055조제2항의 규정은 제1항의 경우에 준용한다. <2005. 3. 31.>

제1059조 (국가귀속재산에 대한 변제청구의 금지) 전조제1항의 경우에는 상속재산으로 변제를 받지 못한 상속채권자나 유증을 받은 자가 있는 때에도 국가에 대하여 그 변제를 청구하지 못한다.

부칙 <법률 제471호, 1958. 2. 22.>

제1조 (구법의 정의) 부칙에서 구법이라 함은 본법에 의하여 폐지되는 법령 또는 법

령중의 조항을 말한다.
제28조 (시행일) 본법은 단기 4293년 1월 1일부터 시행한다.

부　　칙 〈법률 제7427호, 2005. 3. 31.〉
제1조 (시행일) 이 법은 공포한 날부터 시행한다.

1950년 4월 8일 제정 시행된 국유재산법이 1976년 12월 31일 법률 제2950호로 개정되고 1977년 5월 1일부터 시행된 국유재산법 제8조의 규정에 따라 국가귀속 처리하고 있습니다.

국유재산법

[시행 1977. 5. 1.] [법률 제2950호, 1976. 12. 31., 전부개정]

제8조 (무주부동산의 처리) 총괄청은 대통령령이 정하는 바에 의하여 무주의 부동산을 국유재산으로 취득한다.

제12조(소유자 없는 부동산의 처리) ① 총괄청이나 중앙관서의 장은 소유자 없는 부동산을 국유재산으로 취득한다. 〈2011. 3. 30.〉

② 총괄청이나 중앙관서의 장은 제1항에 따라 소유자 없는 부동산을 국유재산으로 취득할 경우에는 대통령령으로 정하는 바에 따라 6개월 이상의 기간을 정하여 그 기간에 정당한 권리자나 그 밖의 이해관계인이 이의를 제기할 수 있다는 뜻을 공고하여야 한다.
〈2011. 3. 30.〉

③ 총괄청이나 중앙관서의 장은 소유자 없는 부동산을 취득하려면 제2항에 따른 기간에 이의가 없는 경우에만 제2항에 따른 공고를 하였음을 입증하는 서류를 첨부하여 「측량 · 수로조사 및 지적에 관한 법률」에 따른 지적소관청에 소유자 등록을 신청할 수 있다.
〈2011. 3. 30.〉

④ 제1항부터 제3항까지의 규정에 따라 취득한 국유재산은 그 취득일부터 10년간은 처분을 하여서는 아니 된다. 다만, 대통령령으로 정하는 특별한 사

유가 있으면 그러하지 아니하다. 〈2011. 3. 30.〉

부　　칙 〈법률 제2950호, 1976. 12. 31.〉 부칙보기

제1조 (시행일) 이 법은 공포후 4월이 경과한 날로부터 시행한다.

부　　칙 〈법률 제10485호, 2011. 3. 30.〉 부칙보기

제1조(시행일) 이 법은 2011년 4월 1일부터 시행한다.

국유재산법 시행령

[시행 1977. 6. 13.] [대통령령 제8598호, 1977. 6. 13., 전부개정]

제4조 (무주부동산의 취득) ①총괄청은 무주의 부동산을 국유재산으로 취득하고자 할 때에는 다음 각 호의 사항을 6월간 공고하여야 한다.

1. 부동산의 표시
2. 공고기간이 만료될 때까지 당해 부동산에 대하여 정당한 권리를 주장하는 자의 신고가 없는 경우에는 이를 국유재산으로 취득한다는 뜻
3. 공고기간

②제1항의 공고는 관보·일간신문지와 당해 부동산의 소재지를 관할하는 시·구·읍·면의 사무소에 게시하여야 한다.

부　　칙 〈대통령령 제8598호, 1977. 6. 13.〉

제1조 (시행일) 이 영은 공포한 날로부터 시행한다.

국유재산법에 의거 무주부동산 공고를 한 후 6개월이 지난 후 민법 제252조를 근거로 제1053조 내지 제1059조의 규정에 따라 상속재산 관리인을 선임하여 무주부동산을 국유화하고 있는데 이때 걸리는 기간이 약 6.5년으로 장기간 소요된다.

1977년 5월 1일부터 시행된 국유재산법에 의거 1978년 3월 21일 안

양시를 필두로 국유재산법 개정 전 제8조 및 개정 후 제12조의 규정에 따라 관보에 게시하고 국유화를 시행하고 있다.

이렇게 국가로 무상 귀속된 무주부동산은 약 660,000필지에 약 500,000,000평이나 되는 막대한 면적이다.

고유번호	3611036027 - 10440 - 0000		
토지소재	세종특별자치시 연서면 청라리		
지번	440	축척	수치

토지 대장

도면번호	7	발급번호	20208110-00253-4603
장번호	1-1	처리시각	21시 40분 21초
비고		발급자	인터넷민원

토지표시			소유자		
지목	면적(㎡)	사유	변동일자	주소	
			변동원인	성명 또는 명칭	등록번호
(01) 전	651.0	(55)2019년 12월 20일 지적재조사 완료	1941년 01월 28일	314	
			(03)소유권이전	김경남철	
		--- 이하 여백 ---		--- 이하 여백 ---	

등급수정 년월일								
토지등급 (기준수확량등급)								
개별공시지가기준일	2020년 01월 01일							용도지역 등
개별공시지가(원/㎡)	74700							

토지 대장에 의하여 작성한 열람본입니다.

2020년 9월 9일

세종특별자치시장

고유번호	3611037035 - 10394 - 0000		
토지소재	세종특별자치시 전의면 다방리		
지번	394	축척	1:1200

토지 대장

도면번호	18	발급번호	202036110-00253-4651
장번호	1-1	처리시각	21시 48분 15초
비고		발급자	인터넷민원

토지표시			소유자		
지목	면적(㎡)	사유	변동일자	주소	
			변동원인	성명 또는 명칭	등록번호
(02) 답	4817	(51)1987년 01월 01일 행정관할구역변경	1941년 02월 05일	504	
			(03)소유권이전	김정안용	
(02) 답	4556	(20)2012년 02월 08일 분할되어 본번에 -1, -2를 부함		--- 이하 여백 ---	
(02) 답	4631	(30)2012년 06월 12일 394-1번과 합병			
(02) 답	4631	(50)2012년 07월 01일 충청남도 연기군에서 행정구역명칭변경			

등급수정 년월일	1979. 07. 01. 수정	1984. 07. 01. 수정	1990. 01. 01. 수정	1991. 01. 01. 수정	1992. 01. 01. 수정			
토지등급 (기준수확량등급)	(22)	90	105	109	112			
개별공시지가기준일	2014년 01월 01일	2015년 01월 01일	2016년 01월 01일	2017년 01월 01일	2018년 01월 01일	2019년 01월 01일	2020년 01월 01일	용도지역 등
개별공시지가(원/㎡)	21400	23400	30100	30100	32100	32600	33600	

토지 대장에 의하여 작성한 열람본입니다.

2020년 9월 9일

세종특별자치시장

5. 관광지조성계획 변경일자 : 2003년 5 월31일
6. 사업시행기간 : 변경없음
7. 수용 · 사용할 토지의 세목조서 : 변경없음
8. 청도용암온천 관광지 조성계획 변경내역은 청도군 도시과에 비치하오니 열람하시기 바랍니다.

⊙충청북도공고제2003-227호

소방시설설계업신규등록

소방법시행규칙 제69조의4제5항의 규정에 의거 소방시설설계업을 다음과 같이 신규등록하였기에 공고합니다.

2003년 6 월 5 일

충청북도지사

○등록업체
- 상 호 : 동일건축사사무소
- 영업소재지 : 충북 제천시 명동 192-19

○대표자 : 김동일
○등록번호 : 제2003-2호
○등록일자 : 2003년 5 월26일
○등록업종 : 소방시설설계업 3급(전기분야)

⊙경상남도공고제2003-241호

일반건설업등록반납말소공고

건설산업기본법 제9조의 규정에 의거 등록한 일반건설업을 다음과 같이 말소하였기에 건설산업기본법 시행령 제82조의 규정에 의거 공고합니다.

2003년 6 월 5 일

경상남도지사

○상 호 : 태영건설(주)
○대표자 : 김영구
○법인등록번호 : 194711-0001371
○소재지 : 경남 통영시 동호동 94-2
○업종 및 등록번호
- 토목 17-0039
- 건축 17-0035

○등록말소일 : 2003년 5 월27일
○말소사유 : 토목건축공사업등록에 따른 반납

⊙(서울)노원구공고제2003-192호

무주부동산공고

다음 표시의 재산에 대하여 정당한 권리가 있는 자는 다음 공고기간 내에 그 권리를 신고하여야 하며 동 기간내에 신고하지 않을 때에는 국유재산법 제8조의 규정에 의거 국가가 그 소유권을 취득함을 공고합니다.

2003년 6 월 5 일

노 원 구 청 장

1. 공고기간 : 2003년 6 월 5 일~2003년12월 5 일
2. 재산의 표시

연번	재 산 의 소 재 지	지 번	지목	지적(㎡)
1	서울 노원구 상계동	855-72	하천	20
2	서울 노원구 월계동	158-2	답	2,495
3	서울 노원구 월계동	447-11	대지	162

⊙(부산)동래구공고제2003-212호

전문건설업등록말소사항공고

전문건설업등록 자진반납에 따른 등록말소 사항을 다음과 같이 공고합니다.

2003년 6 월 5 일

동 래 구 청 장

업 종 및 등 록 번 호	상 호	법인(주민)등록번호	대 표 자	소 재 지
난방시공업제1종 부산동래 99-28-1-039	신 영 설 비	511218-1894517	이 신 효	부산 동래 사직3동 140-3
난방시공업제1종 부산동래 99-28-1-034	부 림 설 비	450720-1094510	김 태 섭	부산 동래 사직동 44-1
창호공사업 부산 제97-08-13	(주)현대판유리창호	180111-0230697	이 규 인	부산 동래 안락1동 435-1
난방시공업제2종 부산동래 99-28-2-102	대 흥 설 비	590725-1629911	강 대 길	부산 동래 사직3동 893-1

○등록말소일자 : 2003년 5 월30일

13

부동산 공탁

공익사업 시행으로 매년 수많은 부동산에 대한 보상금을 법원에 공탁하고 있으며, 소유자가 찾아가지 않아 방치되다 국고귀속 되는 법원 공탁금이 매년 수백억 원에 달하고 있다.

[출처 : 국가법령정보센터, 대법원종합법률정보]

공탁이란 법령의 규정에 따라 금전 · 유가증권 등을 국가기관(법원의 공탁소)에 맡김으로써 일정한 법률상의 목적을 달성하려고 하는 제도로 공익사업 시행에 편입되는 부동산의 소유자가 보상금에 불만이 있어 협의보상을 하지 않고 수용재결 되거나 소유자를 알 수 없을 경우에 법원에 보상금을 공탁(변제)하고 해당 부동산을 원시취득 하는 것으로 정부에서 발행하는 전자관보의 사업실시계획 · 사업인정 및 지형도면, 도시계획시설결정 · 준공 고시문에서 확인할 수 있다.

공익사업 시행으로 매년 수많은 부동산에 대한 보상금을 법원에 공탁하고 있으며, 소유자가 찾아가지 않아 방치되다 국고귀속 되는 법원 공탁금이 매년 수백억 원에 달하고 있다.

공탁금의 소멸시효는 10년이나 법원은 공탁금 주인이 나타날 때까지 5년을 더 기다려 15년의 경과기간을 두고 있으며, 국고귀속예정인 법원 공탁금의 현황을 대법원 전자공탁에서 확인할 수 있다.

공탁법

[시행 2019. 6. 19.] [법률 제15971호, 2018. 12. 18., 일부개정]

제9조(공탁물의 수령 · 회수) ① 공탁물을 수령하려는 자는 대법원규칙으로 정하는 바에 따라 그 권리를 증명하여야 한다.

② 공탁자는 다음 각 호의 어느 하나에 해당하면 그 사실을 증명하여 공탁물을 회수할 수 있다.

1. 「민법」 제489조에 따르는 경우
2. 착오로 공탁을 한 경우

3. 공탁의 원인이 소멸한 경우

③ 제1항 및 제2항의 공탁물이 금전인 경우(제7조에 따른 유가증권상환금, 배당금과 제11조에 따른 물품을 매각하여 그 대금을 공탁한 경우를 포함한다) 그 원금 또는 이자의 수령, 회수에 대한 권리는 그 권리를 행사할 수 있는 때부터 10년간 행사하지 아니할 때에는 시효로 인하여 소멸한다.

④ 법원행정처장은 제3항에 따른 시효가 완성되기 전에 대법원규칙으로 정하는 바에 따라 제1항 및 제2항의 공탁금 수령 · 회수권자에게 공탁금을 수령하거나 회수할 수 있는 권리가 있음을 알릴 수 있다.

부 칙 〈법률 제15971호, 2018. 12. 18.〉

이 법은 공포 후 6개월이 경과한 날부터 시행한다.

공탁과 관련한 대법원 행정예규의 주요 내용은 다음과 같다.

공탁금지급청구권의 소멸시효와 국고귀속절차

개정 2013. 3. 13. [행정예규 제948호, 시행 2013. 3. 20.]

1. 소멸시효 기간

가. 공탁물이 금전인 경우 그 원금 또는 이자의 수령, 회수에 대한 권리는 그 권리를 행사할 수 있는 때부터 10년간 행사하지 아니할 때에는 시효로 인하여 소멸한다(「공탁법」 제9조제3항)

나. 공탁유가증권 및 공탁물품에 대하여는 소유권에 관한 청구가 가능하므로 소멸시효가 완성되지 아니한다.

2. 공탁금지급청구권의 소멸시효 기산일 등

가. 변제공탁의 경우

공탁금회수청구권은「공탁일」로부터, 공탁금출급청구권을「공탁통지서 수령일」로부터 기산함이 원칙이나, 다음의 경우에는 그 기산일에 주의를 요한다.

(1) 공탁의 기초가 된 사실관계에 대하여 공탁자와 피공탁자 사이에 다툼이 있는 경우에는 공탁물출급 및 회수청구권 모두 그 「분쟁이 해결된 때」로부터 기산한다.

(2) 채권자의 수령불능을 원인으로 한 공탁과 절대적 불확지공탁의 경우, 공탁금출급청구권은 공탁서정정 등을 통한 공탁통지서의 수령 등에 의하여「피공탁자가 공탁사실을 안 날(공탁통지서 수령일)」로부터 기산한다.

(3) 상대적 불확지공탁의 경우, 공탁금출급청구권은「공탁금의 출급청구권을 가진 자가 확정된 때」로부터 기산한다.

(4) 공탁에 반대급부의 조건이 있는 경우에는「반대급부가 이행된 때」로부터, 공탁이 정지조건 또는 시기부 공탁인 경우에는「조건이 성취된 때 또는 기한이 도래된 때」로부터 기산한다.

나. 재판상 보증(담보)공탁의 경우

(1) 담보권리자(피공탁자)의 공탁금출급청구권의 기산일은 담보권을 행사할 수 있는 사유가 발생한 때로부터 기산한다.

(2) 담보제공자(공탁자)의 공탁금회수청구권의 기산일은,

(가) 담보제공자가 본안소송(화해, 인락, 포기 포함)에서 승소한 때에는「재판확정일 또는 종국일」로부터, 패소한 때에는「담보취소결정 확정일」로부터 각 기산한다.

(나) 본안소송 종국 전에 담보취소결정을 한 경우 또는 재판(결정)이 있은 후 그 재판(결정)을 집행하지 않았거나 집행불능인 경우에는「담보취소결정 확정일」로부터, 재판(결정) 전에 그 신청이 취하된 경우에는 「취하일」로부터 각 기산한다.

다. 집행공탁의 경우

(1) 배당 기타 관공서의 결정에 의하여 공탁물의 지급을 하는 경우에는 그「증명서 교부일」로부터 기산한다.

(2) 경매절차에서 채무자에게 교부할 잉여금을 공탁한 경우 또는 배당받을 채권자의 불출석으로 인하여「민사집행법」제160조제2항에 따라 공탁한 경우에는「공탁일」로부터 기산한다.

라. 기타의 경우

(1) 위 2. 가. 나. 다.항에 규정되어 있지 아니한 공탁사건의 공탁금지급청구권의 소멸시효는 원칙적으로「공탁금의 지급청구권을 행사할 수 있는 때」로부터 기산한다.

(2) 공탁원인이 소멸된 경우 공탁금회수청구권의 소멸시효는「공탁원인이 소멸된 때」로부터 기산한다.

(3) 착오공탁의 경우 공탁금회수청구권의 소멸시효는「공탁일」로부터 기산한다.

(4) 공탁유가증권의 상환으로 인하여 그 상환금 · 이자가 대공탁 · 부속공탁된 경우 공탁금 회수청구권의 소멸시효는「대공탁 · 부속공탁일」로부터 기산한다.

(5) 공탁으로 인하여 소멸한 채권의 소멸시효는 공탁금지급청구권의 소멸시효와 관련이 없다.

마. 공탁금 이자의 경우

공탁금 이자의 지급청구권은「공탁금 원금 지급일」로부터 기산한다.

바. 지급 인가된 청구서에 의한 현금청구권의 소멸시효 여부

공탁금지급청구가 이유 있다 하여 지급 인가된 동 청구서에 의한 현금청구권도 소멸시효의 대상이 된다(인가한 날로부터 10년).

3. 공탁 소멸시효 진행의 중단사유 해당 여부 등

가. 소멸시효 진행의 중단사유로 볼 수 있는 사유

(1) 시효기간 중에 공탁사실 증명서를 교부한 경우

(2) 공탁관이 공탁자 또는 피공탁자 등 정당한 권리자에 대하여 공탁사건의 완결 여부의 문의서를 발송한 경우

(3) 공탁금의 지급청구에 대해 첨부서면의 불비를 이유로 불수리한 경우

(4) 공탁관이 공탁자 또는 피공탁자에 대하여 당해 사건의 공탁금을 지급할 수 있다는 취지를 구두로 답한 경우

(5) 공탁의 확인을 목적으로 공탁관계서류를 열람시킨 경우

(6) 일괄 공탁한 공탁금의 일부에 대해 출급 또는 회수청구를 인가하였다면 나머지 잔액에 대하여도 시효가 중단된다.

(7) 불확지공탁을 하였다가 공탁물을 수령할 자를 지정하거나 공탁원인 사실을 정정하는 공탁서정정신청을 인가한 경우, 공탁금 회수청구권의 소멸시효는 중단된다.

나. 소멸시효의 중단사유로 볼 수 없는 사유

(1) 변제공탁에 대해 피공탁자로부터 제출된 수락서를 공탁관이 받았다 해도 그것만으로 출급청구권의 시효가 중단되지 않는다.

(2) 공탁금지급청구권에 대한 압류, 가압류, 가처분은 피압류채권 즉 공탁금지급청구권의 시효중단사유가 되지 않는다.

(3) 피공탁자가 수인인 경우 그 1인에 대한 시효중단사유는 다른 출급청구권자의

시효진행에 영향을 미치지 않는다.

(4) 공탁금회수청구권에 대한 시효중단은 출급청구권의 시효진행에 영향을 미치지 않는다. 그 반대의 경우도 동일하다.

(5) 공탁관이 피공탁자의 요구에 대해 지급절차 등에 대해 일반적인 설명을 한 것만으로는 시효의 중단사유로 되지 않는다.

다. 시효 중단 시 공탁관의 처리

공탁금지급청구권에 대한 소멸시효 중단사유가 발생한 경우에는 공탁관은 공탁기록 표지 비고란 등에 시효중단의 뜻과 그 연월일을 기재하고 날인한 다음 전산시스템에 이를 입력하여야 한다.

4. 시효이익의 포기 간주

공탁금지급청구권에 대한 소멸시효가 완성된 후 공탁사실증명서의 교부청구가 있는 경우에는 그 증명서를 교부해서는 아니 되나, 착오로 이를 교부한 경우에는 시효이익을 포기한 것으로 처리한다.

5. 공탁금의 편의 시효처리절차 등

가. 시효완성 여부가 불분명한 경우

변제공탁을 한 후 10년을 경과한 공탁금에 대하여 출급 또는 회수청구가 있을 경우 공탁서, 지급청구서, 그 밖의 첨부서류, 전산시스템에 입력된 사항 등에 의하여 소멸시효의 완성 여부가 불분명한 경우에는 이를 인가하여도 무방하다.

나. 편의적 국고귀속조치

공탁일로부터 15년이 경과된 미제 공탁사건의 공탁금은 편의적으로 소멸시효가 완성된 것으로 보아「공탁규칙」제62조에 따라 국고귀속조치를 취하되, 그 후 소멸시효가 완성되지 아니한 사실을 증명하여 공탁금지급청구를 한 경우에는 착오 국고귀속 공탁금의 반환절차에 따라 처리한다.

다. 공탁유가증권상의 상환청구권이 시효소멸된 경우의 조치

(1) 공탁유가증권의 상환금청구권이 시효소멸된 경우에도 그 소유권에 기한 반환청구는 인정된다.

(2) 공탁유가증권의 상환금청구권이 시효소멸된 경우 공탁관은 그 시효완성을 이유로 유가증권 보관은행 등에 대하여 매년 1회 이상 시효소멸된 당해 유가증권의 회수청구를 할 수 있다.

(3) 보관은행 등으로부터 유가증권을 회수한 경우 공탁관은 공탁서 및 공탁기록 표지 비고란에 그 취지를 기재하고 날인한 다음 전산시스템에 이를 입력하고, 그 사건은 완결된 것으로 처리하며, 당해 유가증권은 공탁기록에 편철하여 5년간 공탁기록과 같이 보관한다.

(4) 위 (3)의 절차를 마친 경우에도 폐기 전에는 당해 공탁유가증권의 소유권에 기한 반환청구는 인정된다.

6. 착오 국고귀속 공탁금의 반환절차 등

가. 국고귀속 대상(시효소멸) 여부 조사 등

(1) 공탁관은 공탁금의 국고귀속조치를 취하기 전에 공탁금지급청구권의 시효소멸 여부 및 그 시기 등을 법원 기타 관공서에 조회를 통하여 조사하여야 한다(「공탁규칙」 제60조).

(2) 소멸시효가 완성된 공탁금은 국고귀속조치를 하기 전이라도 이를 지급하여서는 아니된다(「공탁규칙」 제61조).

나. 착오로 국고귀속조치를 취한 경우 공탁금지급절차

공탁금지급청구권의 소멸시효가 완성되지 않았음에도 불구하고 공탁관이 착오로 공탁금의 국고귀속조치를 취한 경우에는 공탁관을 과오납부자로 보아「공탁규칙」 제64조(「국고금 관리법 시행령」제17조, 제17조의2, 제18조, 제28조, 같은 법 시행규칙 제29조, 제30조 등)에 따라 다음과 같이 처리한다.

(1) 착오로 귀속된 공탁금의 반환신청

공탁관은 착오로 국고귀속조치를 시킨 공탁금이 있음을 알거나 그 공탁금에 대한 소멸시효가 완성되지 아니한 사실을 증명하는 서면을 첨부한 공탁금지급신청이 있는 경우에는 별지 제1호 서식의「공탁금 반환 신청서」를 수입징수관에게 제출하여 착오로 국고 귀속된 공탁금의 반환신청을 하여야 한다.

(2) 수입징수관의 과오납금 반환결정 및 통지 등

위 반환신청에 대하여 수입징수관은「국고금 관리법 시행규칙」제29조제1항에 따라 착오로 국고귀속된 금액에 대하여 과오납금 반환결정을 하고, 별지 제2호 서식의「과오납금반환결정통지서」에 의해 공탁관에게 이를 통지하며, 그 통지를 받은 공탁관은 별지 제3호 서식의 「과오납부자계좌번호통지」를 수입징수관에게 송부하여 반환금의 계좌입금을 청구한다.

(3) 수입징수관의 한국은행 등에 대한 과오납금 반환금 지급요구

수입징수관은 공탁관으로부터 위 (2)의 반환금의 계좌입금 청구를 받는 즉시「국고금 관리법 시행령」제28조 및 시행규칙 제45조에 따라 한국은행 등으로 하여금 과오납금을 공탁관의 예금계좌로 이체하여 지급하게 하여야 한다.

(4) 공탁관의 출급 및 지급

수입징수관이 시행규칙 제48조에 따라 한국은행 등으로부터 계좌이체를 완료하였다는 통지를 받은 경우에는 이를 공탁관에게 통지하고, 공탁관은 그 계좌입금된 반환금을 출급하여 공탁금 지급청구권자에게 지급한다. 이 경우 특별한 사정이 없는 한 공탁금 지급청구권자 본인의 예금계좌로 이체하여 지급하여야 한다.

(5) 공탁기록에의 편철과 기재 등

공탁관은 착오 국고귀속 공탁금의 반환절차와 관련된 모든 서류를 공탁기록에 편철하고, 그 처리 결과를 공탁기록 표지 비고란에 기재하고 날인한 다음 전산시스템에 이를 입력하여야 한다.

부 칙(1998.11.17 제362호)

1. 이 예규는 1999년 1월 1일부터 시행한다.
2. 편의적 국고귀속 규정(5. 나.)에 따라 1999년에 일괄하여 국고귀속될 공탁금(1983. 12. 31. 이전의 모든 공탁사건)에 대한 국고귀속 절차는 1999. 5. 31.까지 완료하여야 한다.

부 칙(2004.09.24 제560호)

이 예규는 2004. 10. 11.부터 시행한다.

부 칙(2013.03.13 제948호)

제2조(다른 예규의 폐지) 다음 각 호의 예규는 각각 폐지한다.

1. 공탁된 징발보상금 출급청구권이 시효로 인하여 소멸한 경우 징발자인 국가 기관이 공탁원인 소멸을 원인으로 하여 회수청구를 할 수 있는지의 여부(행정예규 제50호)
2. 공탁금에 관한 소멸시효 중단사유 및 기산일(행정예규 제86호)

토지수용보상금의 공탁에 관한 사무처리지침

개정 2015. 12. 9. [행정예규 제1061호, 시행 2016. 1. 1.]

1. 관할공탁소

가. 피보상자의 주소지 공탁소

(1) 피보상자가 특정된 경우에는 그의 주소지 관할공탁소에 공탁할 수 있다.

(2) 피보상자가 특정되지 아니한 수인인 상대적 불확지공탁의 경우에는 그 중 1인의 주소지 관할공탁소에 공탁할 수 있다.

나. 토지 소재지 관할공탁소

수용보상금 공탁은 어느 사유에 의한 경우든「공익사업을 위한 토지 등의 취득 및 보상에 관한 법률」제40조제2항에 따라 수용대상이 된 토지 소재지의 공탁소에 공탁할 수 있다.

2. 공탁신청절차상 유의할 사항

가. 피수용자 불확지를 사유로 공탁하는 경우

(1) 절대적 불확지공탁의 인정

공탁자인 사업시행자가 과실 없이 수인 중 누가 보상금을 수령할 진정한 권리자인지 알 수 없는 "상대적 불확지공탁"과 피수용자가 누구인지를 처음부터 전혀 알 수 없는 "절대적 불확지공탁"이 모두 인정된다.

(2) 절대적 불확지공탁이 인정되는 경우

(가) 수용대상토지가 미등기이고 대장상 소유자란이 공란으로 되어 있어 소유자를 확정할 수 없는 경우 및 대장상 성명은 기재되어 있으나 주소의 기재(동·리의 기재만 있고 번지의 기재가 없는 경우도 해당됨)가 없는 경우 또는 주소는 기재되어 있으나 성명의 기재가 없는 경우(피공탁자: 피수용자 불명)

(나) 수용대상토지가 등기는 되어 있으나 등기기록상 소유자를 특정할 수 없는 경우(피공탁자: 피수용자 불명)

(다) 피수용자가 사망하였으나 그 상속인 전부 또는 일부를 알 수 없는 경우(피공탁자 : 망ㅇㅇㅇ〈주소병기〉의 상속인, 망ㅇㅇㅇ의 상속인 주소ㅁㅁ의 ◇◇◇ 외 상속인)

(3) 상대적 불확지공탁이 인정되는 경우

(가) 수용대상토지에 대하여 소유권등기말소청구권을 피보전권리로 하는 처분금

지가처분등기가 마쳐져 있는 경우(피공탁자 : 토지소유자 또는 가처분채권자). 다만, 사해행위취소에 따른 소유권등기말소청구권을 피보전권리로 하는 가처분은 제외한다.

(나) 수용대상토지에 대하여 예고등기가 마쳐져 있는 경우(피공탁자 : 토지 소유자 또는 소 제기자)

(다) 수용대상토지에 대한 등기기록이 2개 개설되어 있고 그 소유명의인이 각각 다른 경우(피공탁자: 소유명의인 갑 또는 을, 대법원 1992. 10. 13. 선고 92누3212 판결)

(라) 등기기록상 공유지분의 합계가 1을 초과하거나 미달되어 피수용자들의 정당한 공유지분을 알 수 없는 경우(피공탁자: 공시된 공유자 전부)

(4) 상대적 불확지공탁을 할 수 없는 경우

(가) 수용대상토지에 대하여 담보물권 · 소유권이전등기청구권 보전을 위한 가처분등기 또는 가등기가 마쳐져 있는 경우

(나) 수용대상토지에 대하여 가압류, 압류, 경매개시, 공매공고(납세담보물의 공매공고 포함) 등의 기입등기가 마쳐져 있는 경우

나. 반대급부 이행조건부 공탁의 불인정

(1) 수용보상금의 지급과 수용으로 인한 소유권이전등기는 동시이행관계에 있는 것이 아니므로, 수용보상금의 공탁서에 소유권이전등기 서류의 교부를 반대급부로 기재한 공탁은 이를 수리할 수 없다.

(2) 수용대상토지에 대하여 제한물권이나 처분제한의 등기가 있는 경우, 그러한 등기의 말소를 반대급부로 기재한 공탁도 이를 수리할 수 없다.

다. 공탁서의 기재 시 유의할 사항

(1) 피보상자 불확지를 사유로 공탁하는 경우에는 그 불확지 사유를 공탁원인사실에 구체적으로 명시하여야 한다.

(2) 피공탁자가 아닌 관계인(법 제2조제5호) 명의로 수용대상토지에 등기된 지상권, 전세권, 저당권, 지역권, 임차권 등은 "공탁으로 인하여 소멸하는 질권, 전세권, 저당권란"에 기재할 사항은 아니며, 그 권리자도 "피공탁자란"에 기재하여서는 안 된다.

3. 공탁금지급절차상 유의할 사항

가. 공탁금회수청구의 불인정

(1) 수용보상금의 공탁은 법 제42조에 의하여 간접적으로 강제되는 것으로서 자

발적으로 이루어지는 것이 아니므로,「민법」제489조의 규정은 배제되어 어느 경우이든 사업시행자인 공탁자의 공탁금회수청구는 인정되지 않는다(대법원 1988. 4. 8. 선고 88마201 판결).

(2) 다만 착오공탁과 공탁사유의 소멸(예컨대 수용재결이 당연무효이거나 취소된 경우 등)을 원인으로 한 경우에는 공탁금회수청구는 인정된다.

나. 공탁금의 출급청구절차

(1) 피공탁자가 특정된 경우

(가) 피공탁자가 아닌 자로서 출급청구권을 갖는 경우와 그 증명서면

① 피공탁자로부터 출급청구권을 상속, 채권양도, 전부명령 기타 원인으로 승계받은 자 – 그 사실을 증명하는 서면

② 수용시기 전에 수용대상토지의 소유권을 피공탁자로부터 승계받은 자 –그 소유권승계사실을 증명하는 서면(등기사항증명서, 수용재결경정서, 형성판결문 등)

③ 수용대상토지에 대한 진정한 권리자(명의신탁자 포함)가 수용시기 전에 소유권등기를 회복한 경우 – 그 사실을 증명하는 서면

④ 사망한 사람을 피공탁자로 한 공탁의 경우 그 상속인 – 사망한 사람의 상속인임을 증명하는 서면

(나) 피공탁자가 아닌 자로서 출급청구권을 갖지 못하는 자

① 수용시기 이후 수용으로 인한 소유권이전등기를 하기 전에 소유권이전등기를 마친 매수인

② 매매 또는 명의신탁해지 등을 원인으로 소유권이전등기절차이행의 승소확정판결을 받았으나 수용시기 전에 그 등기를 마치지 못한 자(비록 공탁 이전에 가등기나 처분금지가처분등기를 마친 경우도 동일함)

③ 구 법 제18조(2007. 10. 17. 법률 제8665호로 폐지되기 전의 것)에 따라 시구읍면의 장으로부터 소유사실확인서를 발급받은 자

④ 피공탁자를 상대로 공탁금출급청구권이 자기에게 있다는 확인판결을 받은 제3자

(2) 피공탁자가 특정되지 아니한 경우 – 채권자 불확지공탁의 경우

(가) 상대적 불확지공탁인 경우의 출급청구

① 피공탁자 사이에 권리의 귀속에 관하여 분쟁이 없는 경우에는 다른 피공탁자의 승낙서(인감증명서 또는 본인서명사실확인서 첨부) 또는 협의성립서를

첨부하여 출급청구할 수 있다.

② 피공탁자 사이에 권리의 귀속에 관하여 분쟁이 있는 경우에는 피공탁자 사이에 어느 일방에게 출급청구권이 있음을 증명하는 내용의 확정판결(조정조서, 화해조서 포함)을 첨부하여 출급청구할 수 있다.

③ 피공탁자 전원이 공동으로 출급청구를 하는 경우에는 출급청구서 기재에 의하여 상호 승낙이 있는 것으로 볼 수 있으므로 별도의 서면을 제출하지 않아도 된다.

④ 공탁자의 승낙서나 공탁자 또는 국가를 상대로 한 판결 등은 출급청구권이 있음을 증명하는 서면으로 볼 수 없다.

(나) 절대적 불확지공탁인 경우의 출급청구

① 공탁자(사업시행자)가 후에 피공탁자를 알게 된 때에는 그를 피공탁자로 지정하는 공탁서정정신청을 하도록 하여 피공탁자가 직접 출급청구 할 수 있다.

② 공탁자를 상대로 하여 공탁금에 대한 출급청구권이 자신에게 있다는 확인판결(조정, 화해조서 등)을 받은 경우에는 그 판결정본과 확정증명서를 첨부하여 직접 출급청구할 수 있다(대법원 1997. 10. 16. 선고 96다11747 전원합의체 판결).

(3) 공탁금 출급제한사유의 확인

(가) 사업시행자가 관할토지수용위원회가 재결한 보상금에 대하여 불복하면서 보상금을 받을 자에게 자기가 산정한 보상금을 지급하고 그 금액과 관할토지수용위원회가 재결한 보상금과의 차액을 공탁한 경우에, 보상금을 수령할 자는 그 불복 절차가 종결될 때까지 공탁금의 지급을 청구할 수 없다(법 제40조제4항).

(나) 중앙토지수용위원회가 관할토지수용위원회의 재결에 대한 이의신청절차에서 보상금을 증액하였으나 사업시행자가 이에 불복하여 행정소송을 제기하면서 증액된 보상금을 공탁한 경우에, 보상금을 수령할 자는 행정소송이 종결될 때 까지 공탁금의 지급을 청구할 수 없다(법 제84조제1항, 제85조제1항).

4. 보상금지급청구권에 대하여 민사집행법에 따른 압류, 가압류 또는 체납처분에 의한 압류가 있는 경우의 공탁절차

가. 공탁사유

(1) 일반채권에 기한 압류 또는 가압류, 담보권자의 물상대위권에 의한 압류, 처분금지가처분이 있는 경우는 이 공탁사유에 해당한다.

(2) 체납처분에 의한 압류가 있다는 사유만으로는 이 공탁사유에 해당하지 않는다.

(3) 민사집행법에 따른 압류와 체납처분에 의한 압류가 있는 경우(선후 불문)는 이 공탁사유에 해당한다.

나. 공탁절차

(1) 보상금지급청구권에 대하여 민사집행법에 따른 압류 또는 가압류가 있는 경우의 공탁절차는 「제3채무자의 권리공탁에 관한 업무처리절차」에서 정한 절차에 준하여 처리하고, 민사집행법에 따른 압류와 체납처분에 의한 압류가 있는 경우(선후 불문)의 공탁절차는 「금전채권에 대하여 민사집행법에 따른 압류와 체납처분에 의한 압류가 있는 경우의 공탁절차 등에 관한 업무처리지침」에서 정한 절차에 준하여 처리한다.

(2) 이 경우 보상금지급청구권에 대하여 민사집행법에 따른 압류가 있거나 민사집행법에 따른 압류와 체납처분에 의한 압류가 있는 때에는 "공익사업을 위한 토지 등의 취득 및 보상에 관한 법률 제40조제2항제4호 및 민사집행법 제248조제1항"을, 보상금지급청구권에 대하여 가압류가 있는 때에는 "공익사업을 위한 토지 등의 취득 및 보상에 관한 법률 제40조제2항제4호, 민사집행법 제291조 및 제248조제1항"을 각 공탁근거법령으로 한다.

(3) 「민법」 제489조에 의한 공탁금 회수청구는 인정하지 않는다.

부 칙

이 예규는 1999년 1월 1일부터 시행한다.

부 칙(2003.11.24 제526호)

이 예규는 2004. 1. 1.부터 시행한다.

부 칙(2013.09.09 제975호)

제1조(시행일) 이 예규는 2013년 10월 1일부터 시행한다.

제2조(다른 예규의 폐지) 토지수용보상금 채권의 공탁사무처리지침(행정예규 제90호)는 폐지한다.

부 칙(2015.12.09 제1061호)

이 예규는 2016년 1월 1일부터 시행한다.

■ 국고귀속예정 공탁사건 및 공탁사건 검색

대법원 홈페이지에 게재하고 있는 '국고귀속예정 공탁사건'은 소멸시효 완성 예정인 공탁사건뿐만 아니라 대법원 행정예규 제948호에 따라 공탁일로부터 15년이 경과하여 편의적으로 소멸시효가 완성된 것으로 보아 국고귀속조치를 취할 예정인 공탁사건도 포함되어 있으며, 매년 1월에 대법원 홈페이지에 게재하고 그 다음해 1월에 국고귀속조치를 하고 있다.

신도시 건설, 하천공사, 철도건설 등 국가·지방자치단체에서 시행하는 공익사업에 편입된 용지뿐만 아니라 법인이 국토의 계획 및 이용에 관한 법률 등 개별법에 의해 사업인정을 받고 시행하는 사업에 편입된 토지가 소유자를 알 수 없어 공익사업을 위한 토지 등의 취득 및 보상에 관한 법률에 의거 수용의 형태로 매년 수천억 원 이상의 토지보상금을 불확지 공탁의 형태로 법원에 공탁하고 있다.

도시계획사업의 일환으로 하천공사 실시계획 승인에 따라 편입토지를 협의보상이 아닌 수용에 의해 소유권 보존등기를 하고 토지보상금을 법원에 공탁하여 공사 진행한 사례는 다음과 같다.

제16114호 관 보 2005.10.27.(목요일)

공 고

⊙재정경제부공고제2005-161호

무주부동산 공고

다음 표시의 재산에 대하여 정당한 권리가 있는 분은 공고기간내에 그 권리를 신고하여야 하며 동 기간내에 신고하지 않을 경우에는 국유재산법 제8조 및 동법시행령 제4조의 규정에 의하여 국가가 그 소유권을 취득함을 공고합니다.

2005년10월27일

재정경제부장관

1. 공고기간 : 2005년10월27일~2006년 4 월26일 (6개월)
2. 신고처 : 한국자산관리공사 국유재산관리부 (02-3420-5772)
3. 신고사항 : 소유권을 주장할 수 있는 증빙서류

4. 재산의 표시

번호	소재지	지번	지목	면적(㎡)	소유자	
					등기부	토지대장
1	경기도 부천시 오정구 삼정동	151-5	도로	212	미등기	반전선사랑
2	경기도 부천시 오정구 삼정동	160-8	구거	11	수진행소	수진행소
3	경기도 안성시 가현동	97-2	도로	195	굴내삼작	병삼준
4	경기도 안성시 인지동	377-1	도로	7	굴내삼작	굴내삼작
5	경기도 안성시 계동	26-7	도로	20	야구청삼	야구청삼
6	경기도 안성시 계동	29-3	도로	185	무승안장	국
7	경기도 안성시 계동	29-13	도로	397	무승안장	국
8	경기도 안성시 현수동	213	하천	263	무원수복	무원수복
9	경기도 안성시 현수동	213-1	제방	178	무원수복	무원수복
10	경기도 안성시 현수동	216-3	제방	275	무원수복	무원수복
11	경기도 안성시 현수동	217	하천	317	무원수복	무원수복
12	경기도 안성시 현수동	217-1	제방	183	무원수복	무원수복
13	경기도 안성시 대덕면 모산리	16-1	도로	7	풍전년사랑	풍전연사랑
14	경기도 안성시 대덕면 토현리	73-1	도로	89	야구청삼	야구청삼
15	경기도 안성시 공도읍 건천리	322-3	답	783	대서구길	대서윤길
16	경기도 안성시 옥산동	421-1	도로	179	무등안장	무등안장
17	경기도 안성시 중리동	산81-15	임야	24,595	삼본영태랑	삼본영태랑
18	경기도 안성시 보개면 남풍리	893-2	도로	154	수곡평장	수곡평장
19	경기도 안성시 보개면 남풍리	895-2	도로	74	수곡평장	수곡평장
20	경기도 안성시 보개면 불현리	155	도로	26	유전히노	유전히노
21	경기도 안성시 보개면 불현리	183-4	도로	248	야구청삼	국
22	경기도 안성시 보개면 상삼리	100-2	도로	192	소창가평	소창가평
23	경기도 안성시 보개면 북가현리	563-2	도로	46	강부십치	강부십치
24	경기도 안성시 보개면 내방리	121	하천	98	소곡가네	소곡분수

o 조달청공고 제2020-96호

무주부동산 공고

다음 표시의 재산에 대하여 정당한 권리자나 그 밖의 이해관계인은 다음 공고기간 내에 그 권리를 신고하여야 하며 동 기간 내에 이의를 제기하지 않을 때에는 국유재산법 제12조의 규정에 의하여 국가가 그 소유권을 취득하게 됨을 공고합니다.

2020. 5. 20.

조 달 청 

1. 공고기간 : 2020. 5. 20. ~ 2020. 11. 20. (6개월)
2. 신 고 처 : 조달청 국유재산기획과 (042-724-6403)
3. 신고사항 : 정당한 소유권 또는 이해관계를 주장 할 수 있는 증빙서류(판결문 등)
4. 재산의 표시

	소재지	지번	지목	면적(㎡)
1	경상남도 거창군 가북면 해평리	산79	임야	496
2	경상남도 거창군 가북면 해평리	산270	임야	694
3	경상남도 거창군 남상면 송변리	298-2	전	30
4	경상남도 거창군 남하면 양항리	478	대	155
5	경상남도 거창군 마리면 하고리	662-4	전	793
6	경상남도 거창군 신원면 과정리	341-5	임야	566
7	경상남도 거창군 신원면 과정리	341-1	임야	4,067
8	경상남도 거창군 신원면 과정리	341-4	도로	257
9	경상남도 고성군 고성읍 죽계리	264-4	답	17
10	경상남도 김해시 대동면 주동리	434-1	대	53
11	경상남도 김해시 대동면 주동리	434-2	하천	132
12	경상남도 김해시 진영읍 하계리	산131	임야	14,083
13	경상남도 남해군 이동면 용소리	837	임야	112
14	경상남도 사천시 곤양면 중항리	1044-4	잡종지	314
15	경상남도 사천시 사남면 화전리	687-1	답	1,400

취득시효

취득시효란 무권리자가 소유의 의사로 일정기간 타인의 물건이나 권리를 일정기간 점유하면 재산을 취득하는 제도이다.

[출처 : 국가법령정보센터]

취득시효란 무권리자가 소유의 의사로 일정기간 타인의 물건이나 권리를 일정기간 점유하면 재산을 취득하는 제도이다.

취득시효에 의해 취득될 수 있는 권리는 소유권 및 기타 재산권이며, 여기에는 지상권 · 지역권 · 질권 등의 물권 · 광업권 · 어업권 · 무체재산권 등이 포함된다.

도로, 공원 등과 같이 공중의 공공사용에 제공되는 공공재산과 관공서, 국공립학교와 같이 국가 또는 공공단체 자신의 사용에 제공되는 공용물 등은 취득시효의 대상이 되지 않는다. 그러나 일반재산의 경우 취득시효의 대상이 된다.

민 법

[시행 2018. 2. 1.] [법률 제14965호, 2017. 10. 31., 일부개정]

제245조(점유로 인한 부동산소유권의 취득기간) ①20년간 소유의 의사로 평온, 공연하게 부동산을 점유하는 자는 등기함으로써 그 소유권을 취득한다.
②부동산의 소유자로 등기한 자가 10년간 소유의 의사로 평온, 공연하게 선의이며 과실없이 그 부동산을 점유한 때에는 소유권을 취득한다.

제246조(점유로 인한 동산소유권의 취득기간) ①10년간 소유의 의사로 평온, 공연하게 동산을 점유한 자는 그 소유권을 취득한다.
②전항의 점유가 선의이며 과실없이 개시된 경우에는 5년을 경과함으로써 그 소유권을 취득한다.

제247조(소유권취득의 소급효, 중단사유) ①전2조의 규정에 의한 소유권취득의 효력은 점유를 개시한 때에 소급한다.

②소멸시효의 중단에 관한 규정은 전2조의 소유권취득기간에 준용한다.

제248조(소유권 이외의 재산권의 취득시효) 전3조의 규정은 소유권 이외의 재산권의 취득에 준용한다.

제249조(선의취득) 평온, 공연하게 동산을 양수한 자가 선의이며 과실없이 그 동산을 점유한 경우에는 양도인이 정당한 소유자가 아닌 때에도 즉시 그 동산의 소유권을 취득한다.

제252조(무주물의 귀속) ①무주의 동산을 소유의 의사로 점유한 자는 그 소유권을 취득한다.

②무주의 부동산은 국유로 한다.

부　　칙 〈법률 제14965호, 2017. 10. 31.〉

제1조(시행일) 이 법은 공포 후 3개월이 경과한 날부터 시행한다.

공유토지분할

공유토지를 현재의 점유상태를 기준으로 분할할 수 있게 함으로써 토지에 대한 소유권 행사와 토지의 이용에 따르는 불편을 해소하고 토지관리제도의 적정을 도모함을 목적으로 제정한 공유토지 분할에 관한 특례법이 2020년 5월 22일 종료되었다.

[출처 : 국가법령정보센터]

공유토지분할에관한특례법

[시행 2017. 3. 21.] [법률 제14710호, 2017. 3. 21., 일부개정]

제3조(적용대상) ① 이 법에 따른 분할의 대상이 되는 토지는 공유토지로서 공유자 총수의 3분의 1 이상이 그 지상에 건물을 소유하는 방법으로 1년 이상 자기지분에 상당하는 토지부분을 특정하여 점유하고 있는 토지로 한다.

② 제1항에도 불구하고 「주택법」 제2조제14호에 따른 복리시설 중 다음 각 호의 시설을 제외한 나머지 시설의 토지에 대하여는 이 법을 적용한다.

1. 근린생활시설
2. 그 밖에 대통령령으로 정하는 시설

제5조(분할의 원칙) ① 이 법에 따른 공유토지의 분할은 각 공유자가 현재 점유하고 있는 상태를 기준으로 하여 행한다. 다만, 서로 인접한 토지부분을 점유한 공유자 간에 그 점유하고 있는 상태와 다르게 분할하기로 합의한 경우에는 그 합의에 따라 분할한다.

② 공유토지 중 점유부분이 특정되지 아니하거나 특정여부가 불분명한 부분에 대하여 해당 공유자 간에 합의가 있는 경우에는 그 합의에 따라 분할한다.

③ 이 법에 따른 공유토지의 분할은 현물로 한다. 이 경우 가격배상에 의한 분할을 포함한다.

제6조(다른 법률과의 관계) ①이 법에 따라 공유토지를 분할함에 있어서 다음 각 호의 법률에서 정하고 있는 토지분할제한에 관한 규정은 적용하지 아니한다.

1. 「국토의 계획 및 이용에 관한 법률」 제56조제1항제4호(개발행위허가)
2. 「건축법」 제57조(대지의 분할 제한)
3. 「집합건물의 소유 및 관리에 관한 법률」 제8조(대지공유자의 분할청구 금지) 및 제19조(공용부분에 관한 규정의 준용)

제14조(분할신청 등) ① 공유자는 공유자 총수의 5분의 1 이상 또는 공유자 20명 이상의 동의를 받아 대통령령으로 정하는 바에 따라 지적소관청에 공유토지의 분할을 신청할 수 있다. 이 경우 신청인은 동의를 요하는 공유자 수에 포함된다.

② 제1항에 따른 분할신청의 효력은 신청인 또는 동의인의 사망이나 그 지분의 양

도 또는 동의의 철회에 의하여 영향을 받지 아니한다.

③ 제1항에 따른 분할신청은 제16조제1항에 따른 분할개시의 결정이 있은 후에는 취하할 수 없다. 다만, 신청인과 동의인 전원의 합의가 있는 때에는 그러하지 아니하다.

④ 동일한 공유토지에 대하여 여러 개의 분할신청이 있는 때에는 이를 병합하여 처리할 수 있다.

⑤ 서로 인접한 여러 필지의 공유토지로서 각 필지의 공유자가 같은 일단의 토지를 합병하여 분할하고자 하는 경우 그 합병신청을 함에 있어서는 제1항 및 제2항을 준용한다.

제25조(점유자 없는 토지부분의 측량) ① 공유토지 중 이를 점유하는 공유자가 없거나 제3자가 권원 없이 점유하는 토지부분(사설도로등은 제외한다)은 다음 각 호의 공유자가 공동으로 점유하고 있는 것으로 보아 그 현상에 따라 이를 하나의 필지 또는 여러 필지로 측량한다. 다만, 이들 공유자 전원의 합의가 있는 때에는 그 합의에 따라 각 공유자에게 배분하여 측량할 수 있다.

1. 실제 점유부분이 없는 공유자
2. 실제 점유부분이 그 공유지분해당면적에 미달되는 공유자

② 제24조제3항제2호 각 목의 어느 하나에 해당하는 공유자로서 그 공유지분 해당면적의 전부가 사설도로등에 포함되어 있다고 인정되는 공유자는 제1항 각 호의 공유자에서 제외한다.

제45조(재판관할) 이 법에 따른 소는 해당 공유토지의 소재지를 관할하는 지방법원 단독판사의 전속관할로 한다.

부　　칙 〈법률 제11363호, 2012. 2. 22.〉

제1조(시행일) 이 법은 공포 후 3개월이 경과한 날부터 시행한다.

제2조(유효기간) 이 법은 시행일부터 8년간 효력을 가진다. 다만, 이 법의 유효기간 내에 이 법에 따른 분할신청을 한 공유토지로서 이 법의 유효기간 경과 후 1년 이내에 제33조에 따른 분할조서의 확정이 있는 토지에 대하여는 이 법의 유효기간 경과 후에도 이 법을 적용한다.

부　　칙 〈법률 제14710호, 2017. 3. 21.〉
이 법은 공포한 날부터 시행한다.

공유토지를 현재의 점유상태를 기준으로 분할할 수 있게 함으로써 토지에 대한 소유권 행사와 토지의 이용에 따르는 불편을 해소하고 토지관리제도의 적정을 도모함을 목적으로 제정한 공유토지 분할에 관한 특례법이 2020년 5월 22일 종료되었다.

공유토지 소유자가 이러한 법령이 있는지 몰라 공유토지 분할을 신청하지 않은 이들이 상당히 많이 있다. 이를 해소하기 위해 종료된 공유토지분할특례법 시한을 재연장하여 토지에 대한 소유권행사와 토지이용의 불편을 해소하여야 한다.

국토계획및이용에관한법률

[시행 2020. 7. 30.] [법률 제16902호, 2020. 1. 29., 타법개정]

제56조(개발행위의 허가) ① 다음 각 호의 어느 하나에 해당하는 행위로서 대통령령으로 정하는 행위를 하려는 자는 특별시장 · 광역시장 · 특별자치시장 · 특별자치도지사 · 시장 또는 군수의 허가를 받아야 한다. 다만, 도시 · 군계획사업(다른 법률에 따라 도시 · 군계획사업을 의제한 사업을 포함한다)에 의한 행위는 그러하지 아니하다.

1. 건축물의 건축 또는 공작물의 설치
2. 토지의 형질 변경(경작을 위한 경우로서 대통령령으로 정하는 토지의 형질 변경은 제외한다)
3. 토석의 채취
4. 토지 분할(건축물이 있는 대지의 분할은 제외한다)
5. 녹지지역 · 관리지역 또는 자연환경보전지역에 물건을 1개월 이상 쌓아놓

는 행위
부　　칙 〈법률 제17453호, 2020. 6. 9.〉
이 법은 공포한 날부터 시행한다.

공간정보의구축및관리등에관한법률

[시행 2020. 8. 5.] [법률 제16912호, 2020. 2. 4., 타법개정]

제79조(분할 신청) ① 토지소유자는 토지를 분할하려면 대통령령으로 정하는 바에 따라 지적소관청에 분할을 신청하여야 한다.

② 토지소유자는 지적공부에 등록된 1필지의 일부가 형질변경 등으로 용도가 변경된 경우에는 대통령령으로 정하는 바에 따라 용도가 변경된 날부터 60일 이내에 지적소관청에 토지의 분할을 신청하여야 한다.

부　　칙 〈법률 제17453호, 2020. 6. 9.〉
이 법은 공포한 날부터 시행한다.

공간정보의구축및관리등에관한법률시행령

[시행 2020. 8. 5.] [대통령령 제30893호, 2020. 8. 4., 타법개정]

제65조(분할 신청) ① 법 제79조제1항에 따라 분할을 신청할 수 있는 경우는 다음 각 호와 같다. 다만, 관계 법령에 따라 해당 토지에 대한 분할이 개발행위 허가 등의 대상인 경우에는 개발행위 허가 등을 받은 이후에 분할을 신청할 수 있다.

1. 소유권이전, 매매 등을 위하여 필요한 경우
2. 토지이용상 불합리한 지상 경계를 시정하기 위한 경우

부　　칙 〈대통령령 제30893호, 2020. 8. 4.〉
제1조(시행일) ① 이 영은 2020년 8월 5일부터 시행한다.

16

부동산 특별조치법

분배농지소유권이전등기에관한특별조치법, 일반농지의소유권이전등기등에관한특별조치법, 임야소유권이전등기등에관한특별조치법, 부동산소유권이전등기등에관한특별조치법, 수복지역내소유자미복구토지의복구등록과보존등기등에관한특별조치법, 하천구역편입토지보상에관한특별조치법 등이 있다.

[출처 : 국가법령정보센터]

농지개혁법에 의하여 분배된 농지로서 분배받은 자의 명의로 소유권 이전등기를 필하기 전에 농지개혁법상 절차를 밟지 아니하고 분배농지의 권리를 이어받은 사실상의 현 소유자를 대상으로 시장, 읍면장이 리동 농지위원회가 발급한 확인서로 소유권 이전등기를 간략 신속하게 하였고 두 차례의 개정을 통해 1965년 6월 30일까지 시행하였다

분배농지소유권이전등기에관한특별조치법

[시행 1961. 5. 5.] [법률 제613호, 1961. 5. 5., 제정]

제1조 본법은 분배농지에 대한 소유권이전등기절차를 간략 신속하게 함을 목적으로 한다.

제2조 ①농지개혁법에 의하여 분배된 농지로서 분배받은 자의 명의로 소유권이전등기절차를 필하기 전에 동법 소정의 절차를 밟지 아니하고 분배농지의 권리를 이어받은 사실상의 현 소유자에게 정부는 직접 그 소유권이전등기절차를 이행한다.

②전항의 현소유자는 농지개혁법의 정하는 적격농가이어야 한다.

제3조 ①본법 실시에 있어 구청장, 시장 또는 읍·면장이 그 구, 시 또는 읍·면의 농지위원회의 확인에 의하여 발부하는 상환완료 및 사실상의 소유를 증명하는 서면은 등기원인을 증하는 서면으로 한다.

②구·시 또는 읍·면의 농지위원회가 전항의 확인을 하고자 할 때에는 농지 소재지 리동 농지위원회의 의견을 들어야 한다.

제4조 본법 시행에 필요한 사항은 농림부령으로 정한다.

부　칙 〈법률 제613호, 1961. 5. 5.〉

본법은 공포한 날로부터 시행하되 시행한 날로부터 2년간 유효로 한다.

부　　칙 〈법률 제1340호, 1963. 5. 2.〉
본법은 공포한 날로부터 시행하되 1964년 12월 31일까지 효력을 가진다.
부　　칙 〈법률 제1671호, 1964.12.31.〉
이 법은 공포한 날로부터 시행하되, 1965년 6월 30일까지 효력을 가진다.

미등기이거나 1953년 7월 28일부터 등기신청일까지 등기부상 소유권 변동이 없는 일반농지에 대한 사실상 현 소유자와 시효취득자를 농지소재지의 리·동장과 시장, 읍면장이 위촉한 2인의 보증인이 작성한 보증서와 시장, 읍면장이 발급한 확인서로 소유권 보존등기를 신속하게 하였고 한차례의 개정을 통해 1965년 6월 30일까지 시행하였다.

일반농지의소유권이전등기등에관한특별조치법

[시행 1964. 9. 17.] [법률 제1657호, 1964. 9. 17., 제정]

제1조 (목적) 이 법은 민법 부칙 제10조의 규정에 의하여 행하여야 할 일반농지에 대한 소유권이전등기절차를 간략하게 하고 미등기의 농지에 대한 보존등기를 필하게 함을 목적으로 한다.

제2조 (일반농지의 정의) 이 법에서 일반농지라 함은 농지개혁법에 의한 분배농지와 과수원을 제외한 토지로서 그 법적지목 여하에 불구하고 토지현상이 실제경작에 사용하는 토지를 말한다.

제3조 (적용범위) 이 법은 일반농지로서 등기하지 못하였거나 또는 1953년 7월 28일부터 이 법 시행일까지의 사이에 토지등기부상 등기사항에 변동이 없는 것에 한하여 적용한다.

제4조 (등기신청인) 이 법에 의한 이전등기는 등기명의인으로부터 일반농지의 권리를 이어받은 사실상의 현소유자·시효취득자 또는 그 대리인이 등기소에 출석

하여 단독으로 등기를 신청할 수 있다.

제5조 (등기원인서류등) 이 법에 의한 이전등기에 있어서는 등기신청에 필요한 등기원인증서와 등기필증은 다음의 보증서 및 확인서로 가름할 수 있다.

1. 농지소재지 리 · 동의 장과 당해 리 · 동에 거주하는 자 중에서 시장(서울특별시와 부산시에 있어서는 구청장) 또는 읍 · 면장이 위촉하는 2인의 보증서
2. 구청장 · 시장 또는 읍 · 면장의 동일농가에 속한 농지세대장과 대조한 확인서

부　　칙 〈법률 제1657호, 1964. 9. 17.〉

①(시행일) 이 법은 공포한 날로부터 시행한다.

부　　칙 〈법률 제1670호, 1964. 12. 31.〉

①이 법은 공포한 날로부터 시행한다.

②이 법은 민법 부칙 제10조의 규정에 불구하고 1965년 6월 30일까지 시행한다.

일반농지의소유권이전등기등에관한특별조치법시행령

[시행 1964. 9. 17.] [대통령령 제1936호, 1964. 9. 17., 제정]

제1조 (보증인의 위촉) ①구청장 · 시장 또는 읍 · 면장은 일반농지의 소유권이전등기등에관한특별조치법 제5조에 규정한 보증인을 이 령 시행일로부터 10일이내에 서면으로 위촉하여야 한다.

제2조 (위촉보증인의 자격) 구청장 · 시장 또는 읍 · 면장은 당해 리 · 동에 계속10년 이상 거주하는 자중에서 신망이 있고 국가공무원법 제33조에 해당하는 결격사유가 없는 자를 위촉하여야 한다.

제11조 (공고) ①구청장 · 시장 또는 읍 · 면장이 법 제6조에 의하여 공고를 할 때에는 다음 각호의 사항을 당해 구 · 시 · 읍 · 면의 사무소와 일반농지 소재지 리 · 동사무소 게시판에 또는 기타 보기쉬운 장소에 게시하여야 하며, 이의있는 이해관계인은 공고일로부터 14일이내에 불복의 사유를 문서로서 제출할 수 있

음을 명시하여야 한다.

1. 신청인의 주소 · 성명 · 생년월일
2. 등기부 또는 토지대장상의 명의인
3. 일반농지의 표시
4. 공고년 · 월 · 일

제21조 (보존년한) ①이 영에 의한 장부와 기록은 법유효기간이 경과한 익일부터 10연간 이를 보존한다.

②리 · 동장은 보관하는 보증서발급대장을 법유효기간경과익일부터 10일이내에 해당구청장 · 시장 또는 읍 · 면장에게 인계하여야 한다.

1969년 6월 21일 이전에 매매 · 증여 · 교환 등 법률행위로 등기명의인으로부터 권리를 이어받은 등기하지 못한 취득자 또는 다시 그 권리를 이어받은 사실상 양도받은 임야 중 부동산등기법에 의한 이전등기를 하지 아니하였거나 미등기되어 있는 임야를 대상으로 임야소재지의 리동에 10년 이상 거주한 자 중 위촉된 3인의 보증인이 작성한 보증서와 시군구의 장이 발급한 확인서로 소유권 이전등기를 신속하게 하였으며 2008년 12월 19일 폐지되었다.

임야소유권이전등기등에관한특별조치법

[시행 1969. 6. 21.] [법률 제2111호, 1969. 5. 21., 제정]

제1조 (목적) 이 법은 부동산등기법에 의하여 등기하여야 할 임야로서 이 법 시행당시 소유권이전등기를 하지 아니하였거나 보존등기가 되어 있지 않은 임야를 간략한 절차에 의하여 등기하지 못한 취득자에게 등기하게 함으로써 산림행정의 효율적인 운영을 기하게 함을 목적으로 한다.

제2조 (임야의 정의) 이 법에서 "임야"라 함은 산림법 제2조의 규정에 의한 산림을

말한다.

제3조 (배제규정) 임야로서 1960년 1월 1일전에 매매 · 증여 · 교환 등 기타 법률행위로 인하여 사실상 양도된 것중 제7조의 규정에 의한 이의신청이 없는 것은 민법 부칙 제10조의 규정에 불구하고 이 법에 의한 등기를 할 수 있다.

제4조 (등기신청인) 이 법에 의한 이전등기는 등기명의인으로부터 임야의 권리를 이어받은 등기하지 못한 취득자 또는 그로부터 다시 그 권리를 이어받은 자 및 그 대리인이 등기소에 출석하여 단독으로 등기를 신청할 수 있다.

제5조 (등기원인서류등) 이 법에 의한 등기의 신청을 함에 있어서 필요한 등기원인 증서와 등기필증은 다음 각호의 서류로써 갈음할 수 있다.

1. 임야소재지의 리 · 동에 대통령령이 정하는 기간이상 거주하고 있는 자로서 당해 구청장 · 시장 또는 읍 · 면장이 위촉하는 3인의 보증서
2. 구청장 · 시장 또는 군수가 당해 임야에 관하여 발행한 확인서

제6조 (공고 및 확인서발급) 구청장 · 시장 또는 군수가 전조 제2호의 확인서발급신청을 접수한 때에는 50일간 그 사실을 공고한 후 확인서를 발급한다.

제11조 (등기기간) 이 법에 의하여 등기하여야 할 임야의 등기를 하지 못한 취득자는 이 법 시행일로부터 1년내에 등기하여야 한다.

제11조 (등기기간) 이 법에 의하여 등기하여야 할 임야의 등기를 하지 못한 취득자는 이 법 시행일로부터 2년6월내에 등기하여야 한다.

부 칙 〈법률 제2111호, 1969. 5. 21.〉

①(시행일) 이 법은 공포후 30일이 경과한 날로부터 시행한다.

부 칙 〈법률 제2204호, 1970. 6. 18.〉

이 법은 공포한 날로부터 시행한다.

1974년 12월 31일 이전에 매매 · 증여 · 교환 등 법률행위로 인하여 사실상 양도되었거나 상속받은 부동산을 대상으로 부동산등기법에 의

한 소유권 보존등기가 되어 있지 아니하거나 등기부 기재가 실제 권리관계와 일치하지 않은 부동산을 대상으로 부동산소재지의 리·동에 10년 이상 거주한 자 중 위촉된 3인의 보증인이 작성한 보증서를 첨부하여 소관청에 신청한 후 소관청이 발급한 확인서로 소유원 이전등기를 신속하게 하였다. 1982년 4월 3일 개정으로 소유자 미복구 부동산을 사실상 소유하는 자도 확인서에 의하여 대장상의 명의변경 및 소유자 복구를 마친 다음 보존등기를 경료하였다.

1977년 12월 31일, 1992년 11월 30일, 2005년 5월 26일, 2020년 2월 4일 반복하여 법을 제정하였고 2022년 8월 4일까지 미등기 부동산이거나 실제 권리관계와 일치하지 아니한 부동산을 간이절차로 등기할 수 있게 하였다.

부동산소유권이전등기등에관한특별조치법

[시행 1978. 3. 1.] [법률 제3094호, 1977. 12. 31., 제정]

제1조 (목적) 이 법은 부동산등기법에 의하여 등기하여야 할 부동산으로서 이 법 시행당시 소유권보존등기가 되어 있지 아니하거나 등기부기재가 실제 권리관계와 일치하지 아니하는 부동산을 간이한 절차에 의하여 등기할 수 있게 함을 목적으로 한다.

제1조 (목적) 이 법은 부동산등기법에 의하여 등기하여야 할 부동산으로서 이 법 시행당시 소유권보존등기가 되어 있지 아니하거나 등기부기재가 실제 권리관계와 일치하지 아니하는 부동산을 용이한 절차에 의하여 등기할 수 있게 함을 목적으로 한다. 〈 1992. 11. 30.〉

제1조 (목적) 이 법은 「부동산등기법」에 따라 등기하여야 할 부동산으로서 이 법 시행 당시 소유권보존등기가 되어 있지 아니하거나 등기부의 기재가 실제 권리

관계와 일치하지 아니하는 부동산을 용이한 절차에 따라 등기할 수 있게 함을 목적으로 한다. 〈 2005. 5. 26.〉

제2조 (용어의 정의) ①이 법에서 "부동산"이라 함은 이 법 시행일 현재 토지대장 또는 임야대장에 등록되어 있는 토지와 가옥과세대장에 등록되어 있는 건물을 말한다.

②"마을공동재산"이라 함은 지방자치법 제145조의 규정에 의한 동리의 주민이 새마을사업으로 공동사용하기 위하여 소유하는 재산을 말한다.

제2조 (정의) 이 법에서 "부동산"이라 함은 이 법 시행일 현재 토지대장 또는 임야대장에 등록되어 있는 토지와 건축물대장에 등록되어 있는 건물을 말한다. 〈 1992. 11. 30.〉

제2조 (정의) 이 법에서 사용하는 용어의 정의는 다음과 같다. 〈2005. 5. 26.〉

1. "부동산"이라 함은 이 법 시행일 현재 토지대장 또는 임야대장에 등록되어 있는 토지 및 건축물대장에 기재되어 있는 건물을 말한다.
2. "소유자미복구부동산"이라 함은 토지대장 · 임야대장 또는 건축물대장에 소유명의인이 등록되어 있지 아니한 부동산을 말한다.
3. "대장소관청"이라 함은 지적공부를 관리하는 시장(구를 두는 특별시 · 광역시 및 시에 있어서는 구청장을 말한다) · 군수를 말한다.

제2조(정의) 이 법에서 사용하는 용어의 뜻은 다음과 같다. 〈 2020. 2. 4.〉

1. "부동산"이란 이 법 시행일 현재 토지대장 또는 임야대장에 등록되어 있는 토지 및 건축물대장에 기재되어 있는 건물을 말한다.
2. "대장"이란 「공간정보의 구축 및 관리 등에 관한 법률」에 따른 토지대장 · 임야대장 또는 「건축법」에 따른 건축물대장을 말한다.
3. "소유자미복구부동산"이란 대장에 소유명의인이 등록되어 있지 아니한 부동산을 말한다.
4. "대장소관청"이란 「공간정보의 구축 및 관리 등에 관한 법률」 및 「건축법」에 따라 대장을 관리하는 특별자치시장 · 특별자치도지사 · 시장 · 군수 · 구청장(자치구의 구청장을 말한다.)을 말한다.

제3조 (적용범위) 이 법은 제2조에 규정된 부동산으로서 1974년 12월 31일 이전에 매매 · 증여 · 교환등 법률행위로 인하여 사실상 양도된 것에 한하여 이를 적용한다. 다만, 마을공동재산은 이 법 시행만료일까지의 것으로 한다.

제3조 (적용범위) 이 법은 제2조에 규정된 부동산으로서 1985년 12월 31일이전에 매매 · 증여 · 교환등 법률행위로 인하여 사실상 양도된 부동산, 상속받은 부동산과 소유권보존등기가 되어 있지 아니한 부동산에 대하여 이를 적용한다. 〈 1992. 11. 30.〉

제3조 (적용범위) 이 법은 제2조제1호에 규정된 부동산으로서 1995년 6월 30일 이전에 매매 · 증여 · 교환 등 법률행위로 인하여 사실상 양도된 부동산, 상속받은 부동산과 소유권보존등기가 되어 있지 아니한 부동산에 대하여 이를 적용한다. 〈 2005. 5. 26.〉

제4조 (적용지역 및 대상) 이 법의 적용지역 및 대상은 다음 각호와 같다. 다만, 수복지구는 제외한다.

1. 읍 · 면지역의 전토지 및 건물
2. 시지역(인구 50만이상의 시는 제외한다)의 농지 및 임야
3. 시지역의 마을공동재산

제4조 (적용지역 및 대상) 이 법의 적용지역 및 대상은 다음 각호와 같다. 다만, 수복지구는 제외한다. 〈 1992. 11. 30.〉

1. 읍 · 면지역의 전토지 및 건물
2. 시지역(인구 50만이상의 시는 제외한다)의 농지 및 임야

제4조 (적용지역 및 대상) 이 법의 적용지역 및 대상은 다음 각호와 같다. 다만, 수복지구는 제외한다. 〈 1993. 12. 10.〉

1. 읍 · 면지역의 전토지 및 건물
2. 시지역(인구 50만이상의 시는 제외한다)의 농지 · 임야 및 지가 1제곱미터당 6만500원이하의 전토지

제4조 (적용지역 및 대상) 이 법의 적용지역 및 대상은 다음 각호와 같다. 다만, 수복지구는 제외한다.〈 1994. 8. 3.〉

1. 읍 · 면지역의 전토지 및 건물
2. 직할시 및 시지역의 농지 · 임야 및 지가 1제곱미터당 6만500원이하의 전 토지. 다만, 직할시 및 인구 50만이상의 시에 대하여는 1985년 1월 1일이후 직할시 또는 그 시에 편입된 지역에 한한다. 이 경우 직할시설치 당시의 시지역은 편입으로 보지 아니한다.

제5조 (지적이동신고) ①부동산의 사실상의 양수자는 대장상의 소유명의인에 갈음하여 시장 · 군수 · 구청장 또는 읍 · 면장에게 토지의 이동 또는 건물표시 변경의 신고나 신청을 할 수 있다.

②제1항의 신고 또는 신청서에는 제10조의 규정에 의한 보증서를 첨부하여야 한다.

제6조 (대장상의 명의변경과 소유권보존등기) ①대장상의 소유명의인으로부터 미등기부동산을 사실상 양도받은 자는 제10조의 규정에 의하여 발급받은 확인서를 첨부하여 대장소관청에 대하여 대장상의 소유명의인의 변경등록을 신청할 수 있다.

②제1항의 신청을 받은 대장소관청은 확인서에 의하여 대장상의 소유명의인의 변경등록을 하여야 한다.

③제2항의 규정에 의하여 변경등록된 대장상의 소유명의인은 그 대장등본을 첨부하여 자기명의로 소유권보존등기를 신청할 수 있다.

제6조 (대장상의 명의변경 · 소유자복구와 소유권보존등기)〈 1982. 4. 3.〉

①미등기부동산을 사실상 양도받은 자와 미등기부동산을 상속받은 자 또는 소유자미복구부동산의 사실상의 소유자는 확인서를 첨부하여 대장소관청에 소유명의인의 변경등록 또는 복구등록을 신청할 수 있다.

②제1항의 신청을 받은 대장소관청은 확인서에 의하여 대장상의 소유명의인의 변경등록 또는 복구등록을 하여야 한다.

③제2항의 규정에 의하여 변경등록 또는 복구등록된 대장상의 소유명의인은 그 대장등본을 첨부하여 자기명의로 소유권보존등기를 신청할 수 있다.

제7조 (소유권이전절차) ①이 법에 의한 소유권이전등기는 부동산등기법 제28조의 규정에 불구하고 확인서를 발급받은 사실상의 양수자 또는 그 대리인이 등기소에 출석하여 신청할 수 있다.

②제1항의 등기를 신청하는 경우에는 확인서로써 부동산등기법 제40조제1항제2호의 등기원인을 증명하는 서면에 갈음하고 동조동항제3호의 등기의무자의 권리에 관한 등기필증은 제출하지 아니한다.

③제1항의 등기를 신청하는 경우에는 대장등본을 제출하여야 한다.

제8조 (귀속부동산 및 국공유부동산에 대한 특례) ①귀속재산처리법 제2조의 규정에 의한 귀속재산중 부동산을 사실상 양도받은 자가 제6조제1항의 소유명의인변경등록을 신청할 때에는 따로 세무서장이 발행하는 사실증명서를 첨부하여야 한다.

②국공유부동산에 대한 소유권보존등기를 하거나 또는 소유권이전등기를 신청하기 위하여 대장소관청으로부터 확인서의 발급을 받고자 할 때에는 제10조제2항의 보증서를 첨부하지 아니할 수 있다.

제9조 (대위등기) ①제7조의 규정에 의하여 등기를 하기 위하여 필요한 때에는 사실상의 양수자는 소유권의 등기명의인 또는 그 상속인에 갈음하여 부동산 또는 소유권의 등기명의인의 표시변경등기와 상속으로 인한 소유권이전등기를 신청할 수 있다.

②제1항의 등기를 신청하는 경우에는 확인서를 첨부하여야 한다.

③제1항의 규정에 의하여 부동산표시변경등기를 신청하는 경우에는 부동산등기법 제92조의 서면을 제출하지 아니한다.

제10조 (확인서의 발급) ①미등기부동산을 그 대장상의 소유명의인으로부터 사실상 양수한 자와 이미 등기되어 있는 부동산을 그 소유권의 등기명의인 또는 그 상속인으로부터 사실상 양수한 자는 이 법에 의한 등기를 신청하기 위하여 대장소관청으로부터 확인서의 발급을 받아야 한다.

②확인서를 발급받으려는 자는 시장 또는 읍 · 면장이 당해 부동산소재지 리 · 동에 대통령령으로 정하는 기간이상 거주하고 있는 자 중에서 위촉하는 3인 이상의

보증서를 첨부하여 대장소관청에 서면으로 신청을 하여야 한다.

③대장소관청은 제2항의 신청서를 접수한 때에는 대통령령이 정하는 사항을 2월 이상 공고한 후 확인서를 발급하여야 한다. 그러나 공고기간내에 제11조의 이의신청이 있는 부동산에 관하여는 그 이의에 대한 처리가 완결되기 전에는 확인서를 발급하지 못한다.

④전항의 규정에 의한 공고는 대장소관청이 당해 시·읍·면과 리·동사무소의 게시판에 하여야 한다.

제14조 (시행기간) 이 법에 의한 등기신청은 이 법 시행일로부터 3년내에 하여야 한다. 그러나 이 법 시행일로부터 3년내에 확인서발급신청을 한 부동산에 대하여는 위 기간경과 후 6월 이내에 이 법에 의한 등기를 신청할 수 있다.

제14조 삭제 〈1982. 4. 3.〉

부　　칙 〈법률 제3094호, 1977. 12. 31.〉

①(시행일) 이 법은 1978년 3월 1일부터 시행한다.

부　　칙 〈법률 제3159호, 1978. 12. 6.〉

①이 법은 1979년 1월 1일부터 시행한다.

②제10조의 규정에 의하여 확인서를 발급받고 등기를 신청하는 경우에는 농지개혁법 제19조제2항의 규정에 의한 농지매매증명서를 첨부하지 아니한다.

부　　칙 〈법률 제3562호, 1982. 4. 3.〉

①(시행일) 이 법은 공포한 날로부터 시행한다.

②(유효기간) 이 법은 1984년 12월 31일까지 효력을 가진다. 다만, 이 법 시행중에 제10조의 규정에 의하여 확인서의 발급신청을 한 부동산에 대하여는 유효기간 경과후 6월까지는 이 법에 의한 등기를 신청할 수 있다.

부　　칙 〈법률 제4502호, 1992. 11. 30.〉

제1조 (시행일) 이 법은 1993년 1월 1일부터 시행한다.

제2조 (유효기간) 이 법은 1994년 12월 31일까지 효력을 가진다. 다만, 이 법 시행

중에 제10조의 규정에 의하여 확인서의 발급을 신청한 부동산에 대하여는 유효기간 경과후 6월까지는 이 법에 의한 등기를 신청할 수 있다.

제3조 (다른 법률과의 관계) ①이 법의 규정에 의하여 등기를 신청하는 경우에는 농지임대차관리법 제19조의 규정에 의한 농지매매증명에 관한 규정을 적용하지 아니한다.

부　　칙 〈법률 제4586호, 1993. 12. 10.〉

①(시행일) 이 법은 공포한 날부터 시행한다.

부　　칙 〈법률 제4775호, 1994. 8. 3.〉

이 법은 1994년 9월 1일부터 시행한다.

부　　칙 〈법률 제7500호, 2005. 5. 26.〉

제1조 (시행일) 이 법은 2006년 1월 1일부터 시행한다.

제2조 (유효기간) 이 법은 2007년 12월 31일까지 효력을 가진다. 다만, 이 법 시행 중에 제10조의 규정에 따른 확인서의 발급을 신청한 부동산 및 제11조의 규정에 따른 확인서 발급에 대한 이의신청이 제기된 부동산에 대하여는 유효기간 경과 후 6월까지는 이 법에 따른 등기를 신청할 수 있다.

부　　칙 〈법률 제8080호, 2006. 12. 26.〉

이 법은 공포한 날부터 시행한다.

부　　칙 〈법률 제16913호, 2020. 2. 4.〉

제1조(시행일) 이 법은 공포 후 6개월이 경과한 날부터 시행한다.

제2조(유효기간) 이 법은 시행일부터 2년간 효력을 가진다. 다만, 이 법 시행 중에 제11조에 따라 확인서의 발급을 신청한 부동산 및 제12조에 따라 확인서 발급에 대한 이의신청이 제기된 부동산에 대해서는 유효기간 경과 후 6개월까지는 이 법에 따른 등기를 신청할 수 있다.

1953년 7월 27일 이전에 지적공부가 분실, 멸실된 이래 대장에 토지표시에 관한 사항은 복구등록이 되었으나 소유권에 관한 사항이 복구등록되지 않은 수복지역 내에 있는 소유자 미복구 토지에 대하여 실질적 소유자가 소유권자임을 증빙하는 서면이나 3인 이상 보증인의 보증서를 첨부하여 소유자 복구등록을 한 다음 소유권보존등기를 경료하였다.

수복지역이라 함은 북위38도 이북의 수복지구와 경기도 파주군 장단면 · 군내면 · 진서면 및 진동면의 지역을 말한다.

1988년 12월 31일까지 소유자복구등록을 신청하지 아니하거나 신청이 취하된 소유자 미복구토지는 무주의 토지로 보아 국유재산법이 정하는 바에 의하여 국가 귀속하는 것으로 법을 제정하였으나 법개정을 통해 1991년 12월 31일까지로 연기하여 국가 귀속하였다.

수복지역 내의 미등기 부동산 및 등기부 기재가 실제 권리관계와 일치하지 않는 부동산에 대하여는 부동산소유권이전등기등에관한특별조치법의 예와 같은 간이절차로 등기를 하였다.

수복지역내소유자미복구토지의
복구등록과보존등기등에관한특별조치법

[시행 1983. 7. 1.] [법률 제3627호, 1982. 12. 31., 제정]

제1조 (목적) 이 법은 수복지역내소유자미복구토지의 소유자복구등록을 촉진하고, 부동산등기법에 의하여 등기하여야 할 부동산으로서 소유권보존등기가 되어 있지 아니하거나 등기부기재가 실제권리관계와 일치하지 아니하는 부동산을 간이한 절차에 의하여 등기할 수 있게 함으로써 수복지역내에서의 효율적인

토지관리와 부동산소유권보호에 기여함을 목적으로 한다.

제2조 (정의) 이 법에서 사용하는 용어의 정의는 다음과 같다.

1. "수복지역"이라 함은 북위38도 이북의 수복지구(동지구의 행정구역에 편입되는 북위38도 이남지역을 포함한다)와 경기도 파주군 장단면 · 군내면 · 진서면 및 진동면의 지역을 말한다.
2. "소관청"이라 함은 수복지역내의 지적공부를 관리하는 시장 · 군수를 말한다.
3. "소유자미복구토지"라 함은 1953년 7월 27일이전에 지적공부가 전부 또는 일부 분 · 소실된 이래 토지대장 또는 임야대장에 토지표시에 관한 사항은 복구등록되었으나 소유권에 관한 사항은 복구등록되지 아니한 토지를 말한다.

제3조 (적용대상) 이 법은 수복지역내의 부동산에 대하여 적용한다. 다만, 1953년 7월 27일에 발효된 통칭 한국정전협정에 의하여 획정된 남경계선 북방지역과, 군사시설보호법 제3조의2제1호의 민간인통제선 북방지역중 대통령령이 정하는 바에 의하여 내무부장관이 국방부장관과 협의하여 고시하는 지역 및 소유권의 귀속에 관하여 법원에 소송이 계속중인 부동산에 대하여는 이 법을 적용하지 아니한다.

제3조 (적용대상) 이 법은 수복지역내의 부동산에 대하여 적용한다. 다만, 1953년 7월 27일에 발효된 통칭 한국정전협정에 의하여 획정된 남경계 표지선 북방지역과 소유권의 귀속에 관하여 법원에 소송이 계속중인 부동산에 대하여는 이 법을 적용하지 아니한다. 〈 1988. 12. 31.〉

제4조 (소유자복구등록신청) ①소유자미복구토지의 소유자(相續人과 사실상의 讓受者 기타 사실상의 所有者를 포함한다)는 대통령령으로 정하는 소유권자임을 증빙하는 서면을 갖추어 관할소관청에 소유자복구등록신청을 할 수 있다.
②제1항의 경우에 소유권자임을 증빙하는 서면을 갖출 수 없는 때에는 3인이상의 보증인의 보증서를 첨부하여 제출하여야 한다.

제5조 (보증인의 자격과 위촉등) ①제4조제2항의 보증인이 될 수 있는 자는 토지소재지 리 · 동에 주민이 상시거주하는 경우에는 1945년 8월 15일이후 1953년

7월 27일 사이에 당해 리·동에 적어도 1년이상 성년자로 거주하고 최근 10연간 그 리·동에 계속 거주하고 있는 자로서, 토지소재지 리·동에 주민이 상시거주하지 아니하는 경우에는 1945년 8월 15일부터 1953년 7월 27일 사이에 당해 리·동에 적어도 1년이상 성년자로 거주하고 최근 5연간 그 리·동 또는 인근 리·동에 계속 거주하고 있는 자로서 각각 대통령령이 정하는 결격사유에 해당되지 아니하는 자로 한다. 이 경우 인근 리·동의 범위는 관할 시장·군수가 정하여 고시한다.

②보증인은 주민이 상시거주하는 리·동지역에 있어서는 시·읍·면장이, 주민이 상시거주하지 아니하는 리·동지역에 있어서는 시장·군수가 리·동마다 5인 이내를 위촉하되, 보증인의 위·해촉절차와 보증서의 발급절차등에 관한 사항은 대통령령으로 정한다.

③시장·군수와 읍·면장이 보증인을 위촉함에 있어서는 미리 보증인으로 될 자의 거주사실과 결격사유유무 및 인근주민들로부터의 신망도등을 엄밀히 조사하여야 한다.

第6조 (토지소유자복구심사위원회설치와 기능) ①수복지역내토지의소유자복구등록신청에 관한 사항을 심사·결정하기 위하여 당해 토지를 관할하는 시·군에 토지소유자복구심사위원회를, 도에 토지소유자복구재심사위원회를 둔다.

②시·군위원회는 토지소유자복구등록신청사항을 심사·결정하고, 도위원회는 시·군위원회의 결정사항에 대한 이의신청사항을 재심사·결정한다.

第20조 (무신고토지등의 국유화) 1988년 12월 31일까지 관할소관청에 소유자복구등록을 신청하지 아니하거나 신청이 취하된 소유자미복구토지 및 각 위원회의 결정 또는 재심사결정에 의하여 신청이 기각된 소유자미복구토지는 이 법의 유효기간만료후(부칙 제2항 단서의 경우에는 각 위원회의 결정 또는 재심사결정일로부터) 무주의 토지로 보아 국유재산법이 정하는 바에 의하여 국유재산으로 취득하되, 취득한 날로부터 10연간은 매각처분을 하지 못한다.

第20조 (무신고토지등의 국유화) 1991년 12월 31일까지 관할소관청

에 소유자복구등록을 신청하지 아니하거나 신청이 취하된 소유자미복구토지 및 각

위원회의 결정 또는 재심사결정에 의하여 신청이 기각된 소유자미복구토지는 이 법의 유효기간만료후(부칙 제2항 단서의 경우에는 각 위원회의 결정 또는 재심사결정일로부터) 무주의 토지로 보아 국유재산법이 정하는 바에 의하여 국유재산으로 취득하되, 취득한 날로부터 10연간은 매각처분을 하지 못한다. 다만, 이 법의 유효기간만료일까지 제5조의 규정에 의한 보증인을 위촉하지 못한 리·동의 토지는 그러하지 아니하다. 〈 1988. 12. 31.〉

제20조(무신고토지등의 국유화) ① 1991년 12월 31일까지 관할소관청에 소유자복구등록을 신청하지 아니하거나(제5조에 따른 보증인을 위촉하지 못하여 소유자복구등록을 신청하지 못한 경우를 포함한다) 신청이 취하된 소유자미복구토지 및 각 위원회의 결정 또는 재심사결정에 의하여 신청이 기각된 소유자미복구토지는 이 법의 유효기간만료후(부칙 제2항 단서의 경우에는 각 위원회의 결정 또는 재심사결정일로부터) 무주의 토지로 보아 국유재산법이 정하는 바에 의하여 국유재산으로 취득하되, 「국유재산법」 제12조제4항에도 불구하고 취득한 날부터 매각처분할 수 있다. 〈, 2020. 2. 4.〉

② 제1항에 따라 국유재산으로 취득한 토지는 「국유재산법」 제43조에도 불구하고 수의계약의 방법으로 매각 또는 대부할 수 있다. 이 경우 토지의 매각범위, 매각허용 대상자, 대금의 납부방식 등 매각 또는 대부의 내용 및 조건은 대통령령으로 정한다. 〈, 2020. 2. 4.〉

부　　칙 〈법률 제3627호, 1982. 12. 31.〉

①(시행일) 이 법은 공포후 6월이 경과한 날로부터 시행한다.

②(유효기간) 이 법은 제20조의 규정을 제외하고는 1991년 12월 31일까지 효력을 가진다.

부　　칙 〈법률 제4042호, 1988. 12. 31.〉

①(시행일) 이 법은 1988년 12월 31일부터 시행한다.

②(경과조치) 이 법 시행당시 제3조 단서의 규정에 의하여 내무부장관

이 국방부장관과 협의하여 고시한 적용제외지역의 소유자미복구토지로서 군작전 수행을 위하여 군이 점유중인 토지는 이 법 시행일부터 징발한 것으로 본다.

부　　칙 〈법률 제5454호, 1997. 12. 13.〉
이 법은 1998년 1월 1일부터 시행한다.

부　　칙 〈법률 제5592호, 1998. 12. 28.〉
제1조(시행일) 이 법은 공포한 날부터 시행한다.

부　　칙 〈법률 제16916호, 2020. 2. 4.〉
제1조(시행일) 이 법은 공포 후 6개월이 경과한 날부터 시행한다.
제2조(무신고토지등의 국유화에 관한 적용례) 제20조제2항의 개정규정은 종전의 규정에 따라 국유재산으로 취득한 토지에도 적용한다.

2008년 3월 21일 법률 제8974호 개정된 하천법 제3조의 하천의 국유 조항은 삭제하고 사권을 행사할 수 없는 조항을 추가하였다.

하 천 법

[시행 2008. 2. 29.] [법률 제8852호, 2008. 2. 29., 타법개정]

제3조 (하천의 귀속) 하천은 이를 국유로 한다. 다만, 지방2급하천에 있어서는 하천공사 등으로 하천에 편입되는 토지에 대한 보상을 하고 이를 국유로 하는 경우를 제외하고는 그러하지 아니하다.

제4조 (하천관리의 원칙) ①하천 및 하천수는 공적 자원으로서 국가는 공공이익의 증진에 적합한 방향으로 적절히 관리하여야 한다.
②하천을 구성하는 토지와 그 밖의 하천시설에 대하여는 사권을 행사할 수 없다. 다만, 다음 각 호의 어느 하나에 해당하는 경우에는 그러하지 아니하다.
1. 소유권을 이전하는 경우
2. 저당권을 설정하는 경우
3. 제33조에 따른 하천점용허가(소유권자 외의 자는 소유권자의 동의를 얻은 경우에 한한다)를 받아 그 허가받은 목적대로 사용하는 경우

부　　칙 〈법률 제8852호, 2008. 2. 29.〉

제1조 (시행일) 이 법은 공포한 날부터 시행한다.

부　　칙 〈법률 제8974호, 2008. 3. 21.〉
제1조(시행일) 이 법은 공포한 날부터 시행한다.

1999년 12월 28일 법률 제6065호의 하천구역편입토지 보상에 관한 특별조치법이 폐지될 때까지 하천구역에 편입된 토지를 한시법으로 보상을 실시하였다.

2007년 이명박 정권이 들어선 후 4대강 사업을 시행함에 따라 2009년 3월 25일 법률 제9543호의 하천편입토지 보상에 관한 특별조치법을 제정하여 2013년 12월 21일까지 하천구역에 편입된 토지를 한시법으로 보상을 실시하였다.

2020년 4월 7일 하천편입토지 보상에 관한 특별조치법을 개정하여 2023년 12월 31일까지 하천구역에 편입된 토지를 보상하고 있으나 현재 수많은 하천편입토지가 보상되지 않은 상태로 방치되고 있다.

하천구역편입토지보상에관한특별조치법

[시행 2000. 3. 29.] [법률 제6065호, 1999. 12. 28., 제정]

제1조 (목적) 이 법은 보상청구권의 소멸시효만료로 인하여 보상을 받지 못한 하천편입토지소유자에 대한 보상에 관하여 필요한 사항을 규정함을 목적으로 한다.
제2조 (적용대상) 다음 각호의 1에 해당하는 경우중 법률 제3782호 하천법중개정법률 부칙 제2조의 규정에 의한 소멸시효의 만료로 보상청구권이 소멸되어 보상을 받지 못한 때에는 특별시장 · 광역시장 또는 도지사가 그 손실을 보상하여야 한다.
1. 법률 제2292호 하천법개정법률의 시행일전에 토지가 하천법 제2조제1항제2호

가목에 해당되어 하천구역으로 된 경우

2. 법률 제2292호 하천법개정법률의 시행일부터 법률 제3782호 하천법중개정법률의 시행일 전에 토지가 하천법 제2조제1항제2호 가목에 해당되어 하천구역으로 된 경우

3. 법률 제2292호 하천법개정법률의 시행으로 제외지안에 있던 토지가 국유로 된 경우

제2조 (적용대상) 다음 각호의 1에 해당하는 경우중 법률 제3782호 하천법중개정법률 부칙 제2조의 규정에 의한 소멸시효의 만료 등으로 보상청구권이 소멸되어 보상을 받지 못한 때에는 특별시장 · 광역시장 또는 도지사가 그 손실을 보상하여야 한다. 〈 2002. 12. 11.〉

1. 법률 제2292호 하천법개정법률의 시행일전에 토지가 하천법 제2조제1항제2호 가목에 해당되어 하천구역으로 된 경우
2. 법률 제2292호 하천법개정법률의 시행일부터 법률 제3782호 하천법중개정법률의 시행일 전에 토지가 하천법 제2조제1항제2호 가목에 해당되어 하천구역으로 된 경우
3. 법률 제2292호 하천법개정법률의 시행으로 제외지안에 있던 토지가 국유로 된 경우
4. 법률 제892호 하천법의 시행일부터 법률 제2292호 하천법개정법률의 시행일 전에 제외지안에 있던 토지가 국유로 된 경우

제3조 (보상청구권의 소멸시효) 제2조의 규정에 의한 보상청구권의 소멸시효는 2002년 12월 31일에 만료된다.

제3조 (보상청구권의 소멸시효) 제2조의 규정에 의한 보상청구권의 소멸시효는 2003년 12월 31일에 만료된다. 〈 2002. 12. 11.〉

제3조(보상청구권의 소멸시효) 제2조에 따른 보상청구권의 소멸시효는 2013년 12월 31일에 만료된다.

제3조(보상청구권의 소멸시효) 제2조에 따른 보상청구권의 소멸시효는 2023년 12

월 31일에 만료된다. 〈 2020. 4. 7.〉

제6조 (보상액평가의 기준 등) ①제2조의 규정에 의한 보상에 대한 평가는 평가당시의 가격을 기준으로 하되, 편입당시의 지목 및 이용상황, 당해 토지에 대한 공법상의 제한, 현실의 이용상황 및 유사한 인근 토지의 정상가격 등을 고려하여야 한다.

②2조의 규정에 의한 보상의 청구절차 · 산정방법 기타 필요한 사항은 대통령령으로 정한다.

부　　칙 〈법률 제6065호, 1999. 12. 28.〉

①(시행일) 이 법은 공포후 3월이 경과한 날부터 시행한다.

부　　칙 〈법률 제6772호, 2002. 12. 11.〉

①(시행일) 이 법은 공포한 날부터 시행한다.

부　　칙 〈법률 제9543호, 2009. 3. 25.〉

(하천편입토지 보상 등에 관한 특별조치법)

제1조(시행일) 이 법은 공포 후 3개월이 경과한 날부터 시행한다.

제2조(다른 법률의 폐지) 하천구역편입토지보상에관한특별조치법은 이를 폐지한다.

부　　칙 〈법률 제17240호, 2020. 4. 7.〉

제1조(시행일) 이 법은 공포 후 3개월이 경과한 날부터 시행한다.

제4장
상속제도와 판례

17

상속제도

1959년까지 우리나라에서 사용되었던 일본 민법인 구민법에서는 상속편을 호주상속제도와 재산상속제도로 나누어 신분상·재산상의 지위를 계승하는 것으로 하였는데 관습상 호주상속인은 전 호주의 재산을 단독으로 상속하였다.

[출처 : 국가법령정보센터, 대법원종합법률정보]

사람이 사망함으로써 사망자의 재산상 권리의무를 포괄적으로 승계하는 것을 상속이라고 하는데 상속은 재산상의 권리의무의 승계이므로 채무만을 가진 때에도 상속은 개시된다.

같은 순위의 재산상속인 여럿이 공동으로 재산을 상속하는 경우에 공동상속인 상호간의 상속재산에 대한 각자의 배당률을 상속분이라고 하는데 상속분에는 지정상속분과 법정상속분이 있다.

○ 지정상속분 : 피상속인은 유류분을 제외한 상속재산의 전부 또는 일부를 유언에 의해 유증의 형식으로 지정할 수 있는데 이를 지정상속분이라고 하는데 법정상속분에 우선한다.

○ 법정상속분 : 법률에 정해진 바에 따른 상속분으로 민법은 균분 상속주의를 원칙으로 하므로 같은 순위의 상속인이 여럿인 때에는 비록 혼인 외의 출생자라도 그 상속분에는 차이가 없다. 다만 피상속인의 배우자 상속분은 직계비속과 공동으로 상속하는 때에는 직계비속 상속분의 5할을 가산하고 직계존속과 공동으로 상속하는 때에는 직계존속 상속분의 5할을 가산한다. 대습상속인 상속분은 피대습 상속인분에 따른다.

※ 유류분 : 상속 재산 가운데 상속을 받은 사람이 다른 일정한 상속인을 위해 반드시 남겨 두어야 할 일정한 부분

1959년까지 우리나라에서 사용되었던 일본민법인 구민법에서는 상속

편을 호주상속제도와 재산상속제도로 나누어 신분상 · 재산상의 지위를 계승하는 것으로 하였는데 관습상 호주상속인은 전 호주의 재산을 단독으로 상속하였다.

■ 1960년 이전 상속분

상속제도와 관련한 대법원 등기예규의 주요 내용은 다음과 같다.

호주상속 및 재산상속 순위(구)

제정 1966. 1. 8. [등기예규 제79호, 시행]

호주가 민법시행 전인 1955.08.10.에 사망하였다면 상속에 관하여는 민법 부칙 제25조제1항의 규정을 적용하는 바, 구법 당시는 조선민사령 제11조에 의하여 친족 및 상속에 관하여는 별단의 규정이 있는 경우를 제외하고는 관습에 의하였으며 관습상의 호주상속 순위는,

가. ① 피상속인의 직계비속 남자
 ② 피상속인의 직계존속 여자
 ③ 피상속인의 처
 ④ 피상속인의 가족인 직계비속의 처
 ⑤ 피상속인의 가족인 직계비속 여자의 순이고,

나. 관습상 호주상속인은 전 호주의 재산을 단독으로 상속한다.

절가호주의 사후양자의 재산상속권(구)

제정 1968. 11. 26. [등기예규 제130호, 시행]

민법시행 전의 관습에 의하면 절가호주의 유산은 근친자가 승계하거나 리 · 동의 소유에 귀속되고 사후양자는 재산상속권이 없다.
(대법원 1968. 11. 26. 선고 68다1543 판결)

호주상속할 남자가 없는 경우의 재산상속 순위(구)

제정 1969. 2. 4. [등기예규 제132호, 시행]

민법이 시행되기 전에 구관습법에 의하여 호주가 사망하고 그 호주를 상속할 남자가 없는 경우에 그 가에 조모, 모, 처가 모두 있는 때에는 남자의 상속인이 나올때까지 조모, 모, 처의 순서로 호주권과 재산권을 상속하여야 하는 것이 관습이었다.

(대법원 1969. 02. 04. 선고 68다1587 판결)

상속인 없이 사망한 자의 유산의 귀속자(구)

제정 1972. 8. 31. [등기예규 제208호, 시행]

의용민법하의 우리나라 관습에 의하면 호주 또는 가족이 상속인 없이 사망하여 절가가 되었을 경우 유산은 가를 달리하는 근친자에게 권리가 귀속하는 것이다.

(대법원 1972. 08. 31. 선고 72다1023 판결)

호주가 상속할 남자없이 모, 처, 딸만 두고 사망한 경우 호주 및 재산상속인(구)

제정 1981. 12. 22. [등기예규 제403호, 시행]

민법 시행 전의 관습에 의하면 호주가 미혼자로서 사망한 때에는 형망제급의 원칙에 따라 사망호주의 제가 호주 및 재산상속을 하고, 또 호주가 상속할 남자없이 사망한 경우에는 모, 처, 딸이 존비의 순서에 따라 사망 호주의 사후양자가 선임될 때까지 일시 호주 및 재산상속을 하게 된다.

(대법원 1981. 12. 22. 선고 80다27555 판결)

신민법 시행 후 선고된 구민법 시행 당시 실종기간 만료로 인한 상속권의 범위

제정 1983. 4. 12. [등기예규 제477호, 시행]

피상속인의 실종기간이 구민법시행 당시인 1955. 6. 3. 만료하였으나 그 실종이 신민법시행 후인 1962. 3. 3. 선고된 경우에는 민법부칙 제25조에 의하여 피상속인의 처자 등 현행 민법 규정에 따른 재산상속인들이 공동으로 상속할 것이고 장남만이 단독으로 상속하는 것은 아니다.

(대법원 1983. 04. 12. 선고 82다카1376 판결)

구민법하에서 이성양자가 상속등기를 신청한 경우 그 수리 가부

제정 1998. 3. 24. [등기예규 제925호, 시행]

현행 민법이 시행(1960. 1. 1)되기 전 의용 민법(조선민사령)의 시행 중에 있어, 개정 민적법이 시행된 1915. 4. 1.부터 1940. 2. 10.까지는 이성양자제도가 허용되지 않았으나, 개정 조선민사령이 시행된 1940. 2. 11.부터 현행 민법이 시행되기 전인 1959. 12. 31.까지는 사후양자가 아닌 한 이성양자제도가 인정되었으므로, 위 기간 중에 호적부에 이성양자로 기재되어 있는 자가 상속등기를 신청한 경우에는 등기관은 언제 그 입양신고가 되었는지, 사후양자는 아닌지 등을 면밀히 조사하여 그 수리여부를 결정하여야 한다.

(대법원 1994. 5. 24. 선고 93므119 전원합의체판결).

부 칙

(다른 예규의 폐지)이성양자의 상속등기의 처리(구)(등기예규 제107호, 예규집 제209항)는 이를 폐지한다.

호주상속제도와 재산상속제도는 역사적 전통의 소산으로 가부장제도의 색채가 짙었고 남자우위 중심적인 요소가 많아 현대의 시대적 사고와 지나치게 많은 차이가 나타나 본질적인 수정이 불가피해져 1990년 민법 제7차 개정 시 가족법 중 상속법에서는 호주상속제도를 호주승계제도로 고치어 친족 편에 귀속시킴으로써 재산상속만을 규율하고 있다.

■ 1960.01.01.~1978.12.31. 상속분

민 법

[시행 1960. 1. 1.] [법률 제471호, 1958. 2. 22., 제정]

제1000조 (재산상속의 순위) ①재산상속에 있어서는 다음 순위로 상속인이 된다.

1. 피상속인의 직계비속
2. 피상속인의 직계존속
3. 피상속인의 형제자매
4. 피상속인의 8촌이내의 방계혈족

②전항의 경우에 동순위의 상속인이 수인인 때에는 최근친을 선순위로 하고 동친등의 상속인이 수인인 때에는 공동상속인이 된다.

③제988조와 제989조의 규정은 전항의 상속순위에 준용한다.

제1001조 (대습상속) 전조제1항제1호와 제3호의 규정에 의하여 상속인이 될 직계비속 또는 형제자매가 상속개시전에 사망하거나 결격자가 된 경우에 그 직계비속이 있는 때에는 그 직계비속이 사망하거나 결격된 자의 순위에 가름하여 상속인이 된다.

제1002조 (처가 피상속인인 경우의 상속인) 처가 피상속인인 경우에 부는 그 직계비속과 동순위로 공동상속인이 되고 그 직계비속이 없는 때에는 단독상속인이 된다.

제1003조 (처의 상속순위) ①피상속인의 처는 제1000조제1항제1호와 제2호의 규정에 의한 재산상속인이 있는 경우에는 그 상속인과 동순위로 공동상속인이

되고 그 상속인이 없는 때에는 단독상속인이 된다.

②제1001조의 경우에 상속개시전에 사망 또는 결격된 자의 처는 동조의 규정에 의한 상속인과 동순위로 공동상속인이 되고 그 상속인이 없는 때에는 단독상속인이 된다.

제1006조 (공동상속과 재산의 공유) 재산상속인이 수인인 때에는 상속재산은 그 공유로한다.

제1008조 (특별수익자의 상속분) 공동상속인중에 피상속인으로부터 재산의 증여 또는 유증을 받은 자가 있는 경우에 그 수증재산이 자기의 상속분에 달하지 못한 때에는 그 부족한 부분의 한도에서 상속분이 있다. 그러나 수증재산이 상속분을 초과한 경우에는 그 초과분의 반환을 요하지 아니한다.

제1009조 (법정상속분) ①동순위의 상속인이 수인인 때에는 그 상속분은 균분으로 한다. 그러나 재산상속인이 동시에 호주상속을 할 경우에는 상속분은 그 고유의 상속분의 5할을 가산하고 여자의 상속분은 남자의 상속분의 2분의 1로 한다.

②동일가적내에 없는 여자의 상속분은 남자의 상속분의 4분의 1로 한다.

③피상속인의 처의 상속분은 직계비속과 공동으로 상속하는 때에는 남자의 상속분의 2분의 1로 하고 직계존속과 공동으로 상속하는 때에는 남자의 상속분과 균분으로 한다.

제1010조 (대습상속분) ①제1001조의 규정에 의하여 사망 또는 결격된 자에 가름하여 상속인이 된 자의 상속분은 사망 또는 결격된 자의 상속분에 의한다.

②전항의 경우에 사망 또는 결격된 자의 직계비속이 수인인 때에는 그 상속분은 사망 또는 결격된 자의 상속분의 한도에서 제1009조의 규정에 의하여 이를 정한다. 제1003조제2항의 경우에도 또한 같다.

부　　칙 〈법률 제471호, 1958. 2. 22.〉

제28조 (시행일) 본법은 단기 4293년 1월 1일부터 시행한다.

호주상속은 피상속인의 재산을 단독으로 전부 상속하고 나머지 아들은 분재청구권이 있을 뿐이다. 즉 호주는 일단 전호주의 재산을 독점 상속하였다가 가족인 동생이 있는 때에는 일정한 비율로 분재를 하게 되는데 동생의 분재청구권은 결혼 후 분가하여야 행사할 수 있었다.

그런데 호주에게는 분가동의권이 있었기 때문에 호주가 분가에 동의하지 않는 한 동생의 분재청구는 불가능하였다.

■ 1979.01.01.~1990.12.31. 상속분

민 법

[시행 1979. 1. 1.] [법률 제3051호, 1977. 12. 31., 일부개정]

제1000조 (재산상속의 순위) ①재산상속에 있어서는 다음 순위로 상속인이 된다.

1. 피상속인의 직계비속
2. 피상속인의 직계존속
3. 피상속인의 형제자매
4. 피상속인의 8촌이내의 방계혈족

②전항의 경우에 동순위의 상속인이 수인인 때에는 최근친을 선순위로 하고 동친등의 상속인이 수인인 때에는 공동상속인이 된다.

제1001조 (대습상속) 전조제1항제1호와 제3호의 규정에 의하여 상속인이 될 직계비속 또는 형제자매가 상속개시전에 사망하거나 결격자가 된 경우에 그 직계비속이 있는 때에는 그 직계비속이 사망하거나 결격된 자의 순위에 가름하여 상속인이 된다.

제1002조 (처가 피상속인인 경우의 상속인) 처가 피상속인인 경우에 부는 그 직계비속과 동순위로 공동상속인이 되고 그 직계비속이 없는 때에는 단독상속인이 된다.

제1003조 (처의 상속순위) ①피상속인의 처는 제1000조제1항제1호와 제2호의 규정에 의한 재산상속인이 있는 경우에는 그 상속인과 동순위로 공동상속인이

되고 그 상속인이 없는 때에는 단독상속인이 된다.

②제1001조의 경우에 상속개시전에 사망 또는 결격된 자의 처는 동조의 규정에 의한 상속인과 동순위로 공동상속인이 되고 그 상속인이 없는 때에는 단독상속인이 된다.

제1006조 (공동상속과 재산의 공유) 재산상속인이 수인인 때에는 상속재산은 그 공유로한다.

제1008조 (특별수익자의 상속분) 공동상속인중에 피상속인으로부터 재산의 증여 또는 유증을 받은 자가 있는 경우에 그 수증재산이 자기의 상속분에 달하지 못한 때에는 그 부족한 부분의 한도에서 상속분이 있다.

제1009조 (법정상속분) ①동순위의 상속인이 수인인 때에는 그 상속분은 균분으로 한다. 그러나 재산상속인이 동시에 호주상속을 할 경우에는 상속분은 그 고유의 상속분의 5할을 가산한다.〈1977 · 12 · 31〉

②동일가적내에 없는 여자의 상속분은 남자의 상속분의 4분의 1로 한다.

③피상속인의 처의 상속분은 직계비속과 공동으로 상속하는 때에는 동일가적내에 있는 직계비속의 상속분의 5할을 가산하고 직계존속과 공동으로 상속하는 때에는 직계존속의 상속분의 5할을 가산한다.

제1010조 (대습상속분) ①제1001조의 규정에 의하여 사망 또는 결격된 자에 가름하여 상속인이 된 자의 상속분은 사망 또는 결격된 자의 상속분에 의한다.

②전항의 경우에 사망 또는 결격된 자의 직계비속이 수인인 때에는 그 상속분은 사망 또는 결격된 자의 상속분의 한도에서 제1009조의 규정에 의하여 이를 정한다. 제1003조제2항의 경우에도 또한 같다.

부　　칙 〈법률 제3051호, 1977. 12. 31.〉

①이 법은 공포후 1년이 경과한 날로부터 시행한다.

■ 1991.01.01.~현재 상속분

민 법

[시행 1991. 1. 1.] [법률 제4199호, 1990. 1. 13., 일부개정]

제1000조 (상속의 순위) ①상속에 있어서는 다음 순위로 상속인이 된다.

1. 피상속인의 직계비속
2. 피상속인의 직계존속
3. 피상속인의 형제자매
4. 피상속인의 4촌이내의 방계혈족

②전항의 경우에 동순위의 상속인이 수인인 때에는 최근친을 선순위로 하고 동친등의 상속인이 수인인 때에는 공동상속인이 된다.

③태아는 상속순위에 관하여는 이미 출생한 것으로 본다.

제1001조 (대습상속) 전조제1항제1호와 제3호의 규정에 의하여 상속인이 될 직계비속 또는 형제자매가 상속개시전에 사망하거나 결격자가 된 경우에 그 직계비속이 있는 때에는 그 직계비속이 사망하거나 결격된 자의 순위에 가름하여 상속인이 된다.

제1002조 삭제

제1003조 (배우자의 상속순위) ①피상속인의 배우자는 제1000조제1항제1호와 제2호의 규정에 의한 상속인이 있는 경우에는 그 상속인과 동순위로 공동상속인이 되고 그 상속인이 없는 때에는 단독상속인이 된다.

②제1001조의 경우에 상속개시전에 사망 또는 결격된 자의 배우자는 동조의 규정에 의한 상속인과 동순위로 공동상속인이 되고 그 상속인이 없는 때에는 단독상속인이 된다.

제1006조 (공동상속과 재산의 공유) 상속인이 수인인 때에는 상속재산은 그 공유로한다.

제1008조 (특별수익자의 상속분) 공동상속인중에 피상속인으로부터 재산의 증여 또는 유증을 받은 자가 있는 경우에 그 수증재산이 자기의 상속분에 달하지 못한 때에는 그 부족한 부분의 한도에서 상속분이 있다.

제1008조의2 (기여분) ①공동상속인중에 피상속인의 재산의 유지 또는 증가에 관하여 특별히 기여한 자(피상속인을 특별히 부양한 자를 포함한다)가 있을 때에는 상속개시 당시의 피상속인의 재산가액에서 공동상속인의 협의로 정한 그 자의 기여분을 공제한 것을 상속재산으로 보고 제1009조 및 제1010조에 의하여 산정한 상속분에 기여분을 가산한 액으로써 그 자의 상속분으로 한다.

②제1항의 협의가 되지 아니하거나 협의할 수 없는 때에는 가정법원은 제1항에 규정된 기여자의 청구에 의하여 기여의 시기·방법 및 정도와 상속재산의 액 기타의 사정을 참작하여 기여분을 정한다.

③기여분은 상속이 개시된 때의 피상속인의 재산가액에서 유증의 가액을 공제한 액을 넘지 못한다.

④제2항의 규정에 의한 청구는 제1013조제2항의 규정에 의한 청구가 있을 경우 또는 제1014조에 규정하는 경우에 할 수 있다.

제1008조의3 (분묘 등의 승계) 분묘에 속한 1정보이내의 금양임야와 600평 이내의 묘토인 농지, 족보와 제구의 소유권은 제사를 주재하는 자가 이를 승계한다.

제1009조 (법정상속분) ①동순위의 상속인이 수인인 때에는 그 상속분은 균분으로 한다.

②피상속인의 배우자의 상속분은 직계비속과 공동으로 상속하는 때에는 직계비속의 상속분의 5할을 가산하고, 직계존속과 공동으로 상속하는 때에는 직계존속의 상속분의 5할을 가산한다.

제1010조 (대습상속분) ①제1001조의 규정에 의하여 사망 또는 결격된 자에 가름하여 상속인이 된 자의 상속분은 사망 또는 결격된 자의 상속분에 의한다.

②전항의 경우에 사망 또는 결격된 자의 직계비속이 수인인 때에는 그 상속분은 사망 또는 결격된 자의 상속분의 한도에서 제1009조의 규정에 의하여 이를

정한다. 제1003조제2항의 경우에도 또한 같다.

부 칙 〈법률 제4199호, 1990. 1. 13.〉

제1조 (시행일) 이 법은 1991년 1월 1일부터 시행한다.

민 법

[시행 2018. 2. 1.] [법률 제14965호, 2017. 10. 31., 일부개정]

제1053조(상속인없는 재산의 관리인) ①상속인의 존부가 분명하지 아니한 때에는 법원은 제777조의 규정에 의한 피상속인의 친족 기타 이해관계인 또는 검사의 청구에 의하여 상속재산관리인을 선임하고 지체없이 이를 공고하여야 한다.

제1055조(상속인의 존재가 분명하여진 경우) ①관리인의 임무는 그 상속인이 상속의 승인을 한 때에 종료한다.

②전항의 경우에는 관리인은 지체없이 그 상속인에 대하여 관리의 계산을 하여야 한다.

제1056조(상속인없는 재산의 청산) ①제1053조제1항의 공고있은 날로부터 3월내에 상속인의 존부를 알 수 없는 때에는 관리인은 지체없이 일반상속채권자와 유증받은 자에 대하여 일정한 기간 내에 그 채권 또는 수증을 신고할 것을 공고하여야 한다. 그 기간은 2월 이상이어야 한다.

②제88조제2항, 제3항, 제89조, 제1033조 내지 제1039조의 규정은 전항의 경우에 준용한다.

제1057조(상속인수색의 공고) 제1056조제1항의 기간이 경과하여도 상속인의 존부를 알 수 없는 때에는 법원은 관리인의 청구에 의하여 상속인이 있으면 일정한 기간내에 그 권리를 주장할 것을 공고하여야 한다. 그 기간은 1년 이상이어야 한다.

제1057조의2(특별연고자에 대한 분여) ①제1057조의 기간내에 상속권을 주장하는 자가 없는 때에는 가정법원은 피상속인과 생계를 같이 하고 있던 자, 피상속인의 요양간호를 한 자 기타 피상속인과 특별한 연고가 있던 자의 청구에 의하여 상속재산의 전부 또는 일부를 분여할 수 있다.

②제1항의 청구는 제1057조의 기간의 만료후 2월 이내에 하여야 한다.

제1058조(상속재산의 국가귀속) ①제1057조의2의 규정에 의하여 분여되지 아니한 때에는 상속재산은 국가에 귀속한다.

부　　칙 〈법률 제14965호, 2017. 10. 31.〉 부칙보기
제1조(시행일) 이 법은 공포 후 3개월이 경과한 날부터 시행한다.

공동상속인 중 일부의 주소증명 첨부불능시 처리

개정 2007. 12. 11. [등기예규 제1218호, 시행 2008. 1. 1.]

공동상속인 중 일부가 행방불명되어 주민등록이 「주민등록법」 제20조 제5항의 규정에 의하여 말소된 경우에는 주민등록표등본을 첨부하여 그 최후 주소를 주소지로 하고, 위 주민등록표등본을 제출할 수 없을 때는 이를 소명하여 「가족관계의 등록 등에 관한 법률」 제15조 제1항 제2호의 기본증명서상 등록기준지를 그 주소지로 하여 상속등기의 신청을 할 수 있다.

부 칙
이 예규는 2008. 1. 1.부터 시행한다.

상속세 및 증여세법

[시행 2020. 8. 28.] [법률 제16568호, 2019. 8. 27., 타법개정]

제12조(비과세되는 상속재산) 다음 각 호에 규정된 재산에 대해서는 상속세를 부과하지 아니한다.
3. 「민법」 제1008조의3에 규정된 재산 중 대통령령으로 정하는 범위의 재산

부　　칙 〈법률 제17339호, 2020. 6. 9.〉
이 법은 공포한 날부터 시행한다.

상속세및증여세법시행령

[시행 2020. 8. 28.] [대통령령 제30977호, 2020. 8. 26., 타법개정]

제8조(비과세되는 상속재산) ③법 제12조제3호에서 "대통령령으로 정하는 범위의 재산"이란 제사를 주재하는 상속인(다수의 상속인이 공동으로 제사를 주재하는 경우에는 그 공동으로 주재하는 상속인 전체를 말한다)을 기준으로 다음 각 호에 해당하는 재산을 말한다. 다만, 제1호 및 제2호의 재산가액의 합계액이 2억원을 초과하는 경우에는 2억원을 한도로 하고, 제3호의 재산가액의 합계액이 1천만원을 초과하는 경우에는 1천만원을 한도로 한다.

1. 피상속인이 제사를 주재하고 있던 선조의 분묘에 속한 9,900제곱미터 이내의 금양임야
2. 분묘에 속한 1,980제곱미터 이내의 묘토인 농지
3. 족보와 제구

부 칙 〈대통령령 제30977호, 2020. 8. 26.〉

제1조(시행일) 이 영은 2020년 8월 28일부터 시행한다.

국세기본법

[시행 2020. 6. 9.] [법률 제17339호, 2020. 6. 9., 타법개정]

제26조(납부의무의 소멸) 국세 및 체납처분비를 납부할 의무는 다음 각 호의 어느 하나에 해당하는 때에 소멸한다.

1. 납부 · 충당되거나 부과가 취소된 때
2. 제26조의2에 따라 국세를 부과할 수 있는 기간에 국세가 부과되지 아니하고 그 기간이 끝난 때
3. 제27조에 따라 국세징수권의 소멸시효가 완성된 때

제26조의2(국세의 부과제척기간) ① 국세를 부과할 수 있는 기간은 국세를 부과할 수 있는 날부터 5년으로 한다. 다만, 역외거래의 경우에는 국세를 부과할 수 있는 날부터 7년으로 한다.

② 제1항에도 불구하고 다음 각 호의 어느 하나에 해당하는 경우에는 다음 각 호

의 구분에 따른 기간을 부과제척기간으로 한다.

1. 납세자가 법정신고기한까지 과세표준신고서를 제출하지 아니한 경우: 해당 국세를 부과할 수 있는 날부터 7년(역외거래의 경우 10년)
2. 납세자가 대통령령으로 정하는 사기나 그 밖의 부정한 행위 국세를 포탈하거나 환급 · 공제를 받은 경우: 그 국세를 부과할 수 있는 날부터 10년(역외거래에서 발생한 부정행위로 국세를 포탈하거나 환급 · 공제받은 경우에는 15년). 이 경우 부정행위로 포탈하거나 환급 · 공제받은 국세가 법인세이면 이와 관련하여 「법인세법」 제67조에 따라 처분된 금액에 대한 소득세 또는 법인세에 대해서도 또한 같다.
3. 납세자가 부정행위를 하여 다음 각 목에 따른 가산세 부과대상이 되는 경우: 해당 가산세를 부과할 수 있는 날부터 10년
   가. 「소득세법」 제81조의10제1항제4호
   나. 「법인세법」 제75조의8제1항제4호
   다. 「부가가치세법」 제60조제2항제2호, 같은 조 제3항 및 제4항

③ 제1항 및 제2항제1호의 기간이 끝난 날이 속하는 과세기간 이후의 과세기간에 「소득세법」 제45조제3항, 「법인세법」 제13조제1항제1호, 제76조의13제1항제1호 또는 제91조제1항제1호에 따라 이월결손금을 공제하는 경우 그 결손금이 발생한 과세기간의 소득세 또는 법인세의 부과제척기간은 제1항 및 제2항제1호에도 불구하고 이월결손금을 공제한 과세기간의 법정신고기한으로부터 1년으로 한다.

④ 제1항 및 제2항에도 불구하고 상속세 · 증여세의 부과제척기간은 국세를 부과할 수 있는 날부터 10년으로 하고, 다음 각 호의 어느 하나에 해당하는 경우에는 15년으로 한다. 부담부증여에 따라 증여세와 함께 「소득세법」 제88조제1호 각 목 외의 부분 후단에 따른 소득세가 과세되는 경우에 그 소득세의 부과제척기간도 또한 같다.

1. 납세자가 부정행위로 상속세 · 증여세를 포탈하거나 환급 · 공제받은 경우
2. 「상속세 및 증여세법」 제67조 및 제68조에 따른 신고서를 제출하지 아니한 경우
3. 「상속세 및 증여세법」 제67조 및 제68조에 따라 신고서를 제출한 자가 대통령령으로 정하는 거짓신고 또는 누락신고를 한 경우

제27조(국세징수권의 소멸시효) ① 국세의 징수를 목적으로 하는 국가의 권리는 이를 행사할 수 있는 때부터 다음 각 호의 구분에 따른 기간 동안 행사하지 아니하면 소멸시효가 완성된다. 이 경우 다음 각 호의 국세의 금액은 가산세를 제외한 금액으로 한다.

1. 5억원 이상의 국세: 10년
2. 제1호 외의 국세: 5년

② 제1항의 소멸시효에 관하여는 이 법 또는 세법에 특별한 규정이 있는 것을 제외하고는 「민법」에 따른다.

부　　　칙 〈법률 제17339호, 2020. 6. 9.〉

이 법은 공포한 날부터 시행한다.

상속세는 국세기본법에 따라서 무신고하게 되는 경우에는 15년간 부과할 수 있고 그 외의 경우에는 10년간 부과할 수 있도록 되어 있다. 따라서 상속인으로 법정상속이 되었지만 신고가 누락된 뒤 15년이 지났다면 현행 세법상 상속세를 과세하지 못한다. 이런 불합리한 사실은 법을 개정해서라도 바로 잡아야 한다.

조상님이 물려주신 부동산을 상속인들이 상속받았다 하더라도 상속인들이 최소 십수명 이상으로 이들 모두의 합의에 의해 소유권 이전등기를 하는 것은 상당한 어려움이 있다.

일제강점기 치하 조상님 명의로 된 부동산은 규정을 보완하여 민법상 상속분대로 직권으로 등기를 하여 상속인들의 분쟁을 완화했으면 한다. 또한, 행방불명된 상속인에 대한 예외 규정도 보완하여 상속재산을 신속히 처리했으면 한다.

18

대법원 판례

[출처 : 대법원종합법률정보]

조상님이 남겨주신 상속재산을 찾을 때 상속인들이 겪는 곤란한 경우는 대략 세 가지로 나눌 수 있는데 그것은 다음과 같다.

■ 미등기 상태이고 점유하고 있지 않은 경우

조상님 명의의 사정받은 토지를 찾았는데 해당 지적공부의 대장은 존재하는데 미등기 상태이고 점유하고 있지 않은 경우라면 상속인임을 증명하는 서류를 구비하여 등기소에 상속등기를 신청함으로써 간단하게 소유권을 취득할 수 있다.

■ 국가 · 지방자치단체나 제3자 명의로 등기가 되어 있는 경우

조상님 명의의 사정받은 토지를 찾았는데 해당 토지가 국가 · 지방자치단체에 무상귀속되어 있거나 각종 특별조치법에 의해 보증서나 확인서 등으로 등기되어 있는 경우에는 등기의 권리추정력으로 인하여 상속인임을 주장하는 자가 국가 · 지방자치단체나 제3자의 등기가 원인무효임을 입증하여야 하기 때문에 조상 땅을 찾는 것이 매우 어렵다.

대법원은 토지조사령에 의한 토지의 사정명의자는 당해 토지를 원시취득하므로 적어도 토지조사령에 따라 토지조사부가 작성되어 누군가에게 사정되었다면 사정명의인 또는 그의 상속인이 토지의 소유자가 되고 설령 국가가 이를 무주부동산으로 취급하여 국유재산법령의 절차를 거쳐 국유재산으로 등기를 마치더라도 국가에게 소유권이 귀속되지 않는다.(대법원 2005.5.26. 선고 2002다43417 판결)라고 판시하고 있으므로 국가가 국유재산법상의 무주부동산 공고과정을 거쳐 소유권이전등기를 한 경우에는 소송을 통하여 소유권을 되찾아 올 수 있다.

■ 미등기 상태이나 국가 · 지방자치단체나 제3자가 점유하고 있는 경우

조상님 명의의 사정받은 토지를 찾았는데 해당 지적공부의 대장은 존재하는데 미등기 상태이나 국가 · 지방자치단체나 제3자가 점유하고 있는 경우에는 인도소송을 제기해서 결과에 따라 집행하여야 하는데 재판과정에서 상대가 취득시효를 주장하는 경우가 대부분이다. 조상 땅 찾기의 대상이 되는 부동산은 대부분 일제강점기 때 사정받은 부동산이기 때문에 장기간에 걸쳐 다른 사람이 점유함으로써 취득시효가 완성되었을 가능성이 높아 조상 땅을 찾는 것이 매우 어렵다.

조상 땅 찾기는 상기 세 가지 경우로 나눌 수 있으며 그동안 상속인들이 국가 · 지방자치단체, 제3자 등을 상대로 소유권이전등기취소나 말소 소송 등을 수없이 제기했으며 이에 대한 대법원의 주요 판례는 다음과 같다.

■ 족보 증명력

족보가 조작된 것이라고 인정할 만한 특별한 사정이 없는 한 족보의 기재 내용은 유효하다.

대법원 2000. 7. 4. 2000스2 결정

족보는 종중 또는 문중이 종원의 범위를 명백히 하기 위하여 일족의 시조를 기초로 하여 그 자손 전체의 혈통, 배우자, 관력 등을 기재하여 제작·반포하는 것으로서, 족보가 조작된 것이라고 인정할 만한 특별한 사정이 없는 한 혈통에 관한 족보의 기재 내용은 이를 믿는 것이 경험칙에 맞는다.

■ 호적부 권리추정력

호적상 추정력을 뒤집을 수 있는 자료가 없는 한 호적부의 기재 내용은 유효하다.

대법원 1997. 11. 27. 1997스4 결정

호적부의 기재사항은 이를 번복할 만한 명백한 반증이 없는 한 진실에 부합하는 것으로 추정되고, 특히 호적부의 사망기재는 쉽게 번복할 수 있게 해서는 안되며, 그 기재내용을 뒤집기 위해서는 사망신고 당시에 첨부된 서류들이 위조 또는 허위조작된 문서임이 증명되거나 신고인이 공정증서원본불실기재죄로 처단되었거나 또는 사망으로 기재된 본인이 현재 생존해 있다는 사실이 증명되고 있을 때, 또는 이에 준하는 사유가 있을 때 등에 한해서 호적상의 사망기재의 추정력을 뒤집을 수 있을 뿐이고, 그러한 정도에 미치지 못한 경우에는 그 추정력을 깰 수 없다 할 것이므로, 호적상 이미 사망한 것으로 기재되어 있는 자는 그 호적상 사망기재의 추정력을 뒤집을 수 있는 자료가 없는 한 그 생사가 불분명한 자라고 볼 수 없어 실종선고를 할 수 없다.

■ 토지조사부 권리추정력

토지 사정명의인은 당해 토지를 원시취득하므로 국가가 무주부동산으로 취급하여 국유재산법령의 절차를 거쳐 국유재산으로 등기를 하더라도 국가에게 소유권이 귀속되지 않는다.

대법원 2005. 5. 26. 2002다43417 판결

(1)구 토지조사령(1912.8.13. 제령 제2호)에 의한 토지의 사정명의인은 당해 토지를 원시취득하므로 적어도 구 토지조사령에 따라 토지조사부가 작성되어 누군가에게 사정되었다면 그 사정명의인 또는 그의 상속인이 토지의 소유자가 되고, 따라서 설령 국가가 이를 무주부동산으로 취급하여 국유재산법령의 절차를 거쳐 국유재산으로 등기를 마치더라도 국가에게 소유권이 귀속되지 않는다.

(2)토지에 관한 소유권보존등기의 추정력은 그 토지를 사정받은 사람이 따로 있음이 밝혀진 경우에는 깨어지고 등기명의인이 구체적으로 그 승계취득 사실을 주장·입증하지 못하는 한 그 등기는 원인무효이다.

(3)점유취득시효완성을 원인으로 한 소유권이전등기청구는 시효완성 당시의 소유자를 상대로 하여야 하므로 시효완성 당시의 소유권보존등기 또는 이전등기가 무효라면 원칙적으로 그 등기명의인은 시효취득을 원인으로 한 소유권이전등기청구의 상대방이 될 수 없고, 이 경우 시효취득자는 소유자를 대위하여 위 무효등기의 말소를 구하고 다시 위 소유자를 상대로 취득시효완성을 이유로 한 소유권이전등기를 구하여야 한다.

(4)구 토지조사령(1912.8.13. 제령 제2호)에 따라 토지조사부가 작성되었으나 그 토지조사부의 소유자란 부분이 훼손되어 사정명의인이 누구인지 확인할 수 없게 되었지만 누구에겐가 사정된 것은 분명하고 시효취득자가 사정명의인 또는 그 상속인을 찾을 수 없어 취득시효완성을 원인으로 하는 소유권이전등기에 의하여 소유권을 취득하는 것이 사실상 불가능하게 된 경우, 시효취득자는 취득시효완성 당시 진정한 소유자는 아니지만 소유권보존등기명의를 가지고 있는 자에 대하여 직접 취득시효완성을 원인으로 하는 소유권이전등기를 청구할 수 있다.

■ 토지조사부 권리추정력

6·25 당시 소실되어 토지조사부에 의하여 정부가 직권으로 지적복구한 토지대장은 부동산의 소재지, 지적 및 소유자 명의가 동일하다면 특별한 사정이 없는 한 소유자의 주소의 기재가 없어도 동일한 명의의 타인이 없는 한 토지조사부에 등재된 사람의 소유로 추정함이 마땅하다.

대법원 2005. 5. 26. 2002다43417 판결

(1)토지조사령에 의하여 토지조사부에 소유자로 등재되어 있는 자는 이의, 재심절차에 의하여 사정내용이 변경되지 않는 한 그 토지의 소유자로 사정받은 것으로 볼 것이다.

(2)토지조사령에 의한 토지사정을 받은 자는 그 토지를 원시적으로 취득한다.

(3)미등기부동산이 전전양도된 경우 최후의 양수인이 소유권보존등기를 한 경우에도 그 등기가 결과적으로 실질적 법률관계에 부합된다면 그 등기는 무효라고 볼 수 없고 원심이 원래의 토지소유자로부터 전전양수한 자가 한 소유권보존등기라서 그 등기가 무효라고 한판시는 등기의 효력과 추정력에 관한 법리를 오해한 위법이 있음을 면할 수 없다.

(4)토지조사령에 의하면 토지소유자는 그 주소, 성명, 소유지의 소재, 지목, 지번, 지적 등을 신고에 의하여 조사하게 되어 있고, 조사에 있어 당해 관리는 소유자 등을 현지에 입회시키고 토지에 관한 서류를 소지한 자에게 그 서류의 제출을 명할 수 있고, 그 사정 또는 이의절차에 관한 규정에 비추어 보아도 소유자 명의의 허위기재에 의하여 사정이 확정되기는 어렵다.

(5)지세명기장은 조세부과의 행정목적으로 작성된 문서로서 권리추정의 효력은 없는 것이므로 거기에 명의가 등재되어 있지 않다하여 소유권을 부인할 사유는 되지 아니한다.

(6)이 사건 토지대장이 6 · 25 당시 소실되어 토지조사부에 의하여 정부가 직권으로 복구한 것으로 보이고 부동산의 소재지, 지적 및 소유자 명의가 동일하다면 특별한 사정이 없는 한 소유자의 주소의 기재가 없어도 동일한 명의의 타인이 없는 한 토지조사부에 등재된 사람의 소유로 추정함이 마땅하다.

■ 임야조사부 권리추정력

임야조사부의 국유 · 사유 구분란에 '국', 소유자 또는 연고자란에 사인의 이름이 기재되었다가 위 '국'이 '사'로 정정되고 정정인이 찍혀 있으며, 그 비고란에 '지적계출 없음'이란 뜻이 기재되어 있지 않은 경우 위 사인이 그 임야를 사정받은 것으로 보아야 한다.

대법원 2005. 4. 15. 2003다49627 판결

(1)구 조선임야조사령(1918.5.1. 제령 제5호, 폐지)의 시행 이전에 작성된 임야조사부의 국유 · 사유 구분란에 '국', 소유자 또는 연고자란에 사인의 이름이 기재되었다가 위 '국'이 '사'로 정정되고 정정인이 찍혀 있으며, 그 비고란에 '지적계출 없음'이란 뜻이 기재되어 있지 않은 경우 위 사인이 그 임야를 사정받은 것으로 보아야 한다.

(2)민법 제197조 제1항에 의하면 점유자는 소유의 의사로 평온 · 공연하게 점유한 것으로 추정되나, 한편 점유자의 점유가 소유의 의사 있는 자주점유인지 아니면 소유의 의사 없는 타주점유인지 여부는 점유자의 내심의 의사에 의하여 결정되는 것이 아니라 점유취득의 원인이 된 권원의 성질이나 점유와 관계가 있는 모든 사정에 의하여 외형적 · 객관적으로 결정되어야 하는 것이기 때문에 점유자가 점유 개시 당시에 소유권취득의 원인이 될 수 있는 법률행위 기타 법률요건이 없이 그와 같은 법률요건이 없다는 사실을 잘 알면서 타인 소유의 부동산을 무단점유한 것임이 입증된 경우에는 특별한 사정이 없는 한 점유자는 타인의 소유권을 배척하고 점유할 의사를 갖고 있지 않다고 보아야 하므로, 이로써 소유의 의사가 있는 점유라는 추정은 깨어진다.

(3)임야에 대하여 소유권보존등기를 경료하고 점유를 개시한 지방자치단체가 점유권원을 주장 · 증명하지 못한다는 사정만으로 자주점유의 추정이 깨어지지 않는다.

■ 보안림 편입조서 권리추정력

조선총독부의 보안림 편입 고시에 개인이 소유자로 기재되어 있는 경우에 그 기재에 권리 추정력을 부여하는 것은 그 기초가 되는 보안림 편입조서를 작성할 때 그 소유자를 조사하여 기재하도록 되어 있고, 이는 당시의 등기부 또는 임야대장의 기재에 따랐을 것이라고 여겨지기 때문이다.

대법원 1999. 9. 3. 1999다186196 판결

(1)구 조선임야조사령(1918.5.1. 제령 제5호, 폐지) 제3조, 제10조, 동 시행규칙(1918.5.1. 총령 제38호, 폐지) 제1조, 제9조, 동 시행수속(1918.11.26. 조선총독부훈령 제59호, 폐지) 제27조, 제51조, 제77조 및 그 별지 제9호 서식, 제79조,

구 조선특별연고삼림양여령(1926.4. 5. 제령 제7호, 폐지) 제1조, 제2조 등 관계 규정을 종합하면, 임야조사사업 당시 조사령에 의하여 작성된 임야조사서상의 소유자란에 '국'으로 기재되고 그 연고자란에 특정 개인의 씨명과 주소가 기재되어 있으나 비고란이 공란으로 되어 있고, 임야원도에 그 씨명이 괄호 속에 기재되어 있는 경우에, 위 관계 규정 중 특히 시행수속 제79조에서 "조사령 제10조의 규정에 의하여 민유로 사정하여야 할 국유 임야의 연고자의 씨명, 주소는 이를 소유자의 씨명, 주소란에 기재하고 비고란에 지적계없음(지적계ナシ)이라고 기재하여야 한다."고 규정하고, 그 별지 제9호 양식(임야조사서 용지)의 비고란의 기재방법에 관한 설명에서도 이 점을 분명히 하고 있으며, 시행수속 제27조에서 "민유 또는 조사령 제3조 제2항의 연고 있는 것으로 신고된 임야로서 좌의 각 호의 1에 해당하는 것은 구 삼림법 제19조의 규정에 의한 계출을 하였는지의 여부를 묻지 않고 이를 민유로 조사한다."고 규정하고 있는 점에 비추어 볼 때, 국유 임야의 연고자로 신고하였으나 그 후 조사를 거쳐 작성된 임야조사서와 임야원도에 국유 임야의 연고자로 기재되어 있을 뿐인 경우에는 조사령 제10조나 시행수속 제27조의 각 호에 해당하지 아니한 것으로 조사된 결과라고 추정하여야 할 것이므로, 그 기재방법을 위 시행수속 규정대로 따르지 아니한 사정이나 그와 같이 국유 임야의 연고자로 기재된 자가 구체적으로 어떠한 연고를 가지고 있었는지를 입증하지 못하는 한 그 연고자가 조사령 제10조 또는 시행수속 제27조의 각 호에 해당하여 당해 임야의 소유자로 사정받았다거나 양여령에 의하여 당해 임야를 양여받았다고 볼 수 없다.

(2)구 조선임야조사령 시행 이전에 작성된 임야조사부가 그 명칭과 서식이 구 조선임야조사령 및 동 시행수속에 규정된 것(명칭이 임야조사서이고 소유자란과 연고자란이 구별되어 있음)과 다소 다르다고 하더라도 해당 임야가 조선총독이 지정한 지역에 위치하고 있는 이상 이는 구 조선임야조사령에 의하여 작성된 것과 동일한 의미를 가진다고 보아야 할 것이므로, 그와 같은 임야조사부상 국유 사유 구분란에 '국'으로, 그 소유자 또는 연고자란에 특정 개인의 씨명, 주소가 기재되어 있고 비고란이 공란으로 남아 있는 경우에 이는 당해 임야가 국유로 사정된 토지인데 특정 개인이 연고자라는 뜻을 나타낸 것으로서 그 후 '국'자가 적법하게 주말되고 '사'자로 정정되었다는 사정이 없는 한, 조사령이 시행된 이후에 작성된 임야조사서의 소유자란에 '국'으로, 그 연고자란에 특정 개인의 씨명, 주소가 기재되고 비고란이 공란으로 되어 있는 경우와 그 해석을 달리할 수 없다.

(3)6 · 25 전쟁 중 멸실되었다가 구 지적법(1975.12.31. 법률 제2801호로 개정되기 전의 것) 시행 당시 당사자의 신고에 의하여 복구된 임야대장의 소유자란에 기재된 자에게 그 기재 자체만으로 소유권이 귀속되었다고 추정할 수 없다고 하더라도 그 임야대장에 '갑'이 사정받은 것으로 기재되어 있다면 그 명의로 사정되었다고 인정할 자료의 하나로 삼을 수 있다고 할 것이지만, 구 지적법 시행 당시에는 멸실된 임야대장의 복구에 관한 절차가 전혀 없었다는 사정을 감안할 때 그 임야에 대한 임야조사서에 '갑'이 단지 국유 임야에 대한 연고자로 기재되어 있을 뿐임이 밝혀진 경우에는 그 임야대장 작성 당시 '갑'이 사정받은 것으로 기재하게 된 구체적인 근거나 경위가 밝혀지지 아니하는 한 그러한 임야대장을 가지고 '갑'이 그 임야를 사정받았다고 인정할 수는 없다.

(4)국유로 사정된 임야에 관하여 구 삼림령(1911.6.20. 조선총독부 제령 제10호, 폐지)에 의한 조선총독부의 '보안림 편입 고시'에 개인이 소유자로 기재되어 있는 경우에 그 기재에 권리 추정력을 부여하는 것은 그 기초가 되는 '보안림 편입조서'를 작성할 때 그 소유자를 조사하여 기재하도록 되어 있고, 이는 당시의 등기부 또는 임야대장의 기재에 따랐을 것이라고 여겨지기 때문인 것이므로, 그 등기부와 임야대장 등 지적공부가 6 · 25 전쟁 중 멸실된 후에 사방지정지 지정 고시나 보안림해제(예정지) 고시가 된 경우에는 그 고시에 특정 개인이 소유자로 기재되어 있다고 하더라도 그와 같이 소유자로 기재하게 된 구체적인 근거나 경위가 밝혀지지 아니하는 한 그러한 기재를 가지고 특정 개인을 당해 임야의 소유자라고 인정하거나 그러한 기재의 근거가 된 적법한 권리추정력이 있는 관계 서류가 존재하고 있었다고 추정할 수 없다.

■ 무주부동산 국가귀속

토지조사부에 소유자로 등재되어 있는 자는 재결에 의하여 사정 내용이 변경되었다는 등의 반증이 없는 이상 토지의 소유자로 사정받고 그 사정이 확정된 것으로 추정할 것이다.

대법원 1997. 5. 23. 1995다46654,46661 판결

(1)토지조사부에 소유자로 등재되어 있는 자는 재결에 의하여 사정 내용이 변경되었

다는 등의 반증이 없는 이상 토지의 소유자로 사정받고 그 사정이 확정된 것으로 추정할 것이고, 소유권보존등기의 추정력은 그 보존등기 명의인 이외의 자가 당해 토지를 사정받은 것으로 밝혀지면 깨어지는 것이다.

(2)상속인이 존재하는 부동산은 무주부동산이 아니므로 이에 대하여 국가가 국유재산법상의 무주부동산 취득절차를 거쳤다고 하여 그 부동산이 국유로 될 수는 없다.

(3)구 공공용지의취득및손실보상에관한특례법(1996.12.30. 법률 제5237호로 개정되기 전의 것) 제6조 제1항, 같은법시행령 제4조 제1항, 제2항의 소정의 요건을 흠결한 공시송달은 같은 법상의 협의에 갈음하는 공시송달로서의 효력이 없다고 할 것이고, 공시송달이 부적법하여 효력이 없는 이상 이에 기한 사업시행자의 소유권 취득 또한 무효라고 할 것이다.

■ 무주부동산 국가귀속

부동산에 등기부상 소유자가 존재하는 등 그 부동산의 소유자가 따로 있음을 알 수 있는 경우에는 비록 그 소유자가 행방불명되어 생사 여부를 알 수 없다 하더라도 그 부동산이 바로 무주부동산에 해당하는 것은 아니다.

대법원 2008. 10. 23. 2008다45057 판결

부동산에 등기부상 소유자가 존재하는 등 그 부동산의 소유자가 따로 있음을 알 수 있는 경우에는 비록 그 소유자가 행방불명되어 생사 여부를 알 수 없다 하더라도 그 부동산이 바로 무주부동산에 해당하는 것은 아니다. 이와 같이 소유자가 따로 있음을 알 수 있는 부동산에 대하여 국가가 국유재산법 제8조에 의한 무주부동산 공고절차를 거쳐 국유재산으로 등기를 마치고 점유를 개시하였다면, 그 점유의 개시에 있어 자기의 소유라고 믿은 데 과실이 있다.

■ 무주부동산 점유

소유자가 따로 있음을 알 수 있는 부동산에 대하여 국가가 국유재산법 제8조에 의한 무주부동산 공고절차를 거쳐 국유재산으로 등기를 마치고 점유를 개시하였다면, 그 점유의 개시에 있어 자기의 소유라고 믿은 데 과실이 있다.

대법원 2008. 10. 23. 2008다45057 판결

부동산에 등기부상 소유자가 존재하는 등 그 부동산의 소유자가 따로 있음을 알 수 있는 경우에는 비록 그 소유자가 행방불명되어 생사 여부를 알 수 없다 하더라도 그 부동산이 바로 무주부동산에 해당하는 것은 아니다. 이와 같이 소유자가 따로 있음을 알 수 있는 부동산에 대하여 국가가 국유재산법 제8조에 의한 무주부동산 공고절차를 거쳐 국유재산으로 등기를 마치고 점유를 개시하였다면, 그 점유의 개시에 있어 자기의 소유라고 믿은 데 과실이 있다.

■ 창씨개명 권리추정력

부동산의 전소유자의 명의가 일본식 씨명이라 하더라도 해방 전후의 창씨개명과 그 복구에 따른 실정에 비추어 이를 곧 일본인으로 추정할 것이 아니다.

대법원 1971. 3. 9. 1971다226 판결

8.15 해방 후 한국사람이 소유권을 취득한 부동산의 전소유자의 명의가 일본식 씨명이라 하더라도 해방전후의 창씨개명과 그 복구에 따른 실정에 비추어 이를 곧 일본인으로 추정할 것이 아니라 오히려 반대의 추정을 하는 것이 옳다.

■ 농지개혁법

구 농지개혁법의 공포와 동시에 당연히 정부가 매수하여 소유권을 취득하는 것이고, 국가의 소유권취득은 원시취득으로서 대항요건으로서의 등기를 필요로 하지 아니한다.

대법원 2003. 10. 10. 2002다56666 판결

(1)국유 또는 구 농지개혁법(1994.12.22. 법률 제4817호 농지법 부칙 제2조 제1호로 폐지) 제6조에 정한 것을 제외한 농지는 구 농지개혁법의 공포와 동시에 당연히 정부가 매수하여 소유권을 취득하는 것이고, 국가의 소유권취득은 원시취득으로서 대항요건으로서의 등기를 필요로 하지 아니한다.

(2)구 농지개혁법(1994.12.22. 법률 제4817호 농지법 부칙 제2조 제1호로 폐지)에 의하여 자경하지 않는 농지를 정부가 매수한 것은 후에 그 농지가 분배되지 않을 것을 해제조건으로 하여 행한 조치라 할 것이므로, 그 매수한 농지 중 구 농지개혁법시행령(1995.12.22. 대통령령 제14835호 농지법시행령 부칙 제2조 제1호로 폐지) 제32조 등에 정한 절차를 거쳐 확정된 분배농지에 포함되지 않거나, 그 분배농지로 확정된 농지 중 실제로 농가에 분배되지 않는 등으로 구 농지개혁사업정리에관한특별조치법(1994.12.22. 법률 제4817호 농지법 부칙 제2조 제2호로 폐지) 시행 당시에 분배되지 아니한 농지는 같은 법 제2조 제1항의 규정에 의하여 국유로 등기되거나 확인된 경작지에게 분배할 농지를 제외하고는 그 법 시행과 동시에 분배하지 않기로 확정되었고, 이에 따라 원소유자에게 농지대가보상금이 지급되었는지 여부를 불문하고 원소유자에게 소유권이 환원된다.

■ 미지급용지 점유

공공사업의 시행으로 인하여 정당한 보상금이 지급되지 아니한 채 공공사업의 부지로 편입되어 버린 이른바 미보상용지는 용도가 공공사업의 부지로 제한됨으로 인하여 거래가격이 아예 형성되지 못하거나 상당히 감가되는 것이 보통이어서, 사업시행자가 이와 같은 미보상용지를 뒤늦게 취득하면서 소정의 가격시점에 있어서의 이용상황인 공공사업의 부지로만 평가하여 손실보상액을 산정한다면 적정가격으로 보상액을 정한 것이라고는 볼 수 없게 된다.

대법원 1992. 11. 10. 1992누4833 판결

(1)종전에 공공사업의 시행으로 인하여 정당한 보상금이 지급되지 아니한 채 공공사업의 부지로 편입되어 버린 이른바 미보상용지는 용도가 공공사업의 부지로 제한됨으로 인하여 거래가격이 아예 형성되지 못하거나 상당히 감가되는 것이 보통이어서, 사업시행자가 이와 같은 미보상용지를 뒤늦게 취득하면서 공공용지의취득및손실보상에관한특례법 제4조 제1항 소정의 가격시점에 있어서의 이용상황인 공공사업의 부지로만 평가하여 손실보상액을 산정한다면, 구 공공용지의취득및손실보상에관한특례법(1991.12.31. 법률 제4484호로 개정되기 전의 것) 제4조 제3항이 규정하고 있는 "적정가격"으로 보상액을 정한 것이라고는 볼 수 없게 되므로, 이와 같은 부당한 결과를 구제하기 위하여 종전에 시행된 공공사업의 부지로 편입됨으로써 거래가격을 평가하기 어렵게 된 미보상용지에 대하여는 특별히 종전의 공공사업에 편입될 당시의 이용상황을 상정하여 평가함으로써 그 "적정가격'으로 손실보상을 하여 주려는 것이 공공용지의취득및손실보상에관한특례법시행규칙 제6조 제7항의 규정취지라고 이해된다.

(2)위 "가"항의 시행규칙 제6조 제7항은 공공용지의취득및손실보상에관한특례법시행령 제2조 제1항이나 제2항에 위반하는 것이라고 보기 어려울 뿐만 아니라, 모법의 위임을 받은 근거가 없는 것이라고 볼 수 없다.

(3)공공사업의 시행자가 적법한 절차를 취하지 아니하여 아직 공공사업의 부지로 취득하지도 못한 단계에서 공공사업을 시행하여 토지의 현실적인 이용상황을 변경시킴으로써, 오히려 토지의 거래가격이 상승된 경우까지 위 "가"항의 시행규칙 제6조 제7항에 규정된 미보상용지의 개념에 포함되는 것이라고 볼 수 없다.

(4)사업시행자가 당초 승인을 얻은 부지조성사업을 시행함으로 인하여 토지 소유자들이 개발이익을 얻게 되었다고 하더라도 토지의 수용재결 당시의 현실적인 이용상황에 따라 손실보상액을 평가한 것이 잘못이라고 할 수 없다.

■ 미지급용지 점유

수용재결에 의하여 수용의 효력이 발생하기도 전에 토지를 권원 없이 사용한 사실이 있다고 하더라도, 이를 원인으로 하여 사업시행자에 민사상 손해배상이나 부당이득의 반환을 구함은 별론으로 하고, 재결절차에서 그 손실보상을 구할 수는 없다.

대법원 2000. 7. 28. 1998두6081 판결

(1)원래 지목이 답으로서 일제시대에 국도로 편입되어 그 지목도 도로로 변경된 토지가 그 동안 여전히 개인의 소유로 남아있으면서 전전 양도되어 1994년경 피수용자 명의로 소유권이전등기가 경료되고 이어 수용에 이르렀다면 위 토지는 종전에 정당한 보상금이 지급되지 아니한 채 공공사업의 부지로 편입되어 버린 이른바 미보상용지에 해당하므로, 이에 대한 보상액은 공공용지의취득및손실보상에관한특례법시행규칙 제6조 제7항의 규정에 의하여 종전에 도로로 편입될 당시의 이용상황을 상정하여 평가하여야 한다.

(2)토지수용 보상액을 평가하는 데에는 관계 법령에서 들고 있는 모든 가격산정요인들을 구체적 · 종합적으로 참작하여 그 각 요인들이 빠짐없이 반영된 적정가격을 산출하여야 하고, 이 경우 감정평가서에는 모든 가격산정요인의 세세한 부분까지 일일이 설시하거나 그 요소가 평가에 미치는 영향을 수치로 표현할 필요는 없다고 하더라도, 적어도 그 가격산정요인들을 특정 · 명시하고 그 요인들이 어떻게 참작되었는지를 알아 볼 수 있는 정도로 기술하여야 한다.

(3)사업시행자가 수용재결에 의하여 수용의 효력이 발생하기도 전에 토지를 권원 없이 사용한 사실이 있다고 하더라도, 이를 원인으로 하여 사업시행자에 민사상 손해배상이나 부당이득의 반환을 구함은 별론으로 하고, 재결절차에서 그 손실보상을 구할 수는 없다.

■ 지적복구 권리추정력

일정한 토지가 지적공부에 일필의 토지로 복구 등록된 경우 지적복구 전 토지의 소재·지번·지목·지적 및 경계가 그대로 복구된 것으로 추정되고, 지적공부가 관계 공무원의 사무착오로 잘못 작성되었다는 등의 특별한 사정에 대한 입증책임은 이를 주장하는 당사자에게 있다.

대법원 1998. 2. 24. 1996다54263 판결

(1)일정한 토지가 지적공부에 일필의 토지로 복구 등록된 경우, 그 토지의 소재·지번·지목·지적 및 경계는 지적공부의 복구 제재과정에서 관계 공무원이 사무착오로 지적공부를 잘못 작성하였다는 등의 특별한 사정이 없는 한, 지적복구 전 토지의 소재·지번·지목·지적 및 경계가 그대로 복구된 것으로 추정되고, 지적공부가 관계 공무원의 사무착오로 잘못 작성되었다는 등의 특별한 사정에 대한 입증책임은 이를 주장하는 당사자에게 있다.

(2)임야의 일부에 선조의 분묘가 설치되어 있다거나 소유권보존등기를 경료하였다는 사정만으로는 임야 전체를 배타적으로 점유·관리하여 왔다고 볼 수 없다.

■ 지적복구 권리추정력

1975.12.31. 법률 제2801호로 전문 개정된 지적법이 시행되기 이전에 소관청이 아무런 법적 근거 없이 행정의 편의를 위하여 임의로 복구한 구 토지대장에 소유자 이름이 기재되어 있다고 하더라도 그 소유자에 관한 사항에는 그 권리추정력이 인정되지 않는다.

대법원 2010. 7. 8. 2010다21757 판결

(1)어느 토지에 관하여 등기부나 토지대장 또는 임야대장상 소유자로 등기 또는 등록되어 있는 자가 있는 경우에는 그 명의자를 상대로 한 소송에서 당해 부동산이 보존등기신청인의 소유임을 확인하는 내용의 확정판결을 받으면 소유권보존등기

를 신청할 수 있는 것이므로, 그 명의자를 상대로 한 소유권확인청구에 확인의 이익이 있는 것이 원칙이지만, 토지대장 또는 임야대장의 소유자에 관한 기재의 권리추정력이 인정되지 아니하는 경우에는 국가를 상대로 소유권확인청구를 할 수 밖에 없다.

(2)1975.12.31. 법률 제2801호로 전문 개정된 지적법이 시행되기 이전에 소관청이 아무런 법적 근거 없이 행정의 편의를 위하여 임의로 복구한 구 토지대장에 소유자 이름이 기재되어 있다고 하더라도 그 소유자에 관한 사항에는 그 권리추정력이 인정되지 않는다.

(3)일정한 토지가 지적공부에 일필의 토지로 복구 등록된 경우, 그 토지의 소재 · 지번 · 지목 · 지적 및 경계는 지적공부의 복구 제재과정에서 관계 공무원이 사무착오로 지적공부를 잘못 작성하였다는 등의 특별한 사정이 없는 한, 지적복구 전 토지의 소재 · 지번 · 지목 · 지적 및 경계가 그대로 복구된 것으로 추정되고, 지적공부가 관계 공무원의 사무착오로 잘못 작성되었다는 등의 특별한 사정에 대한 증명책임은 이를 주장하는 당사자에게 있다.

■ 도로부지 취득시효 인정

지방자치단체가 관리하는 도로부지로서 취득시효가 완성되었다고 하더라도 그로 인한 소유권이전등기도 마치지 않은 상황 아래서 그 토지를 점유하지도 않은 국가가 사정명의자의 상속인의 토지의 소유권을 부정할 수는 없다.

대법원 1994. 10. 28. 1993다60991 판결

(1)토지조사부에 토지소유자로 등재되어 있는 자는 재결에 의하여 사정 내용이 변경되었다는 등의 반증이 없는 이상 토지소유자로 사정받고 그 사정이 확정된 것으로 추정된다.

(2)지세명기장이나 도로수축개량공사 괘지조서 등은 조세부과나 도로수축개량공사상의 필요 등 행정목적으로 작성된 문서에 불과하고 소유권변동에 따른 사항을 등재하는 대장이 아니므로 권리추정의 효력은 인정되지 아니한다.

(3)지방자치단체가 관리하는 도로부지로서 취득시효가 완성되었다고 하더라도 그로 인한 소유권이전등기도 마치지 않은 상황 아래서 그 토지를 점유하지도 않은 국가가 사정명의자의 상속인의 토지의 소유권을 부정할 수는 없다.

■ 점유 취득시효 인정

점유자가 점유 개시 당시에 소유권 취득의 원인이 될 수 있는 법률행위 기타 법률요건이 없이 그와 같은 법률요건이 없다는 사실을 잘 알면서 타인 소유의 부동산을 무단점유한 것임이 입증된 경우에는, 특별한 사정이 없는 한 점유자는 타인의 소유권을 배척하고 점유할 의사를 갖고 있지 않다고 보아야 할 것이므로 이로써 소유의 의사가 있는 점유라는 추정은 깨진다.

대법원 2007. 12. 27. 2007다42112 판결

(1)부동산의 점유권원의 성질이 분명하지 않을 때에는 민법 제197조 제1항에 의하여 점유자는 소유의 의사로 선의, 평온 및 공연하게 점유한 것으로 추정되는 것이며, 이러한 추정은 지적공부 등의 관리주체인 국가나 지방자치단체가 점유하는 경우에도 마찬가지로 적용된다.

(2)점유자가 점유 개시 당시에 소유권 취득의 원인이 될 수 있는 법률행위 기타 법률요건이 없이 그와 같은 법률요건이 없다는 사실을 잘 알면서 타인 소유의 부동산을 무단점유한 것임이 입증된 경우에는, 특별한 사정이 없는 한 점유자는 타인의 소유권을 배척하고 점유할 의사를 갖고 있지 않다고 보아야 할 것이므로 이로써 소유의 의사가 있는 점유라는 추정은 깨진다.

(3)국가나 지방자치단체가 취득시효의 완성을 주장하는 토지의 취득절차에 관한 서류를 제출하지 못하고 있다고 하더라도, 그 토지에 관한 지적공부 등이 6·25 전란으로 소실되었거나 기타의 사유로 존재하지 아니함으로 인하여 국가나 지방자치단체가 지적공부 등에 소유자로 등재된 자가 따로 있음을 알면서 그 토지를 점유하여 온 것이라고 단정할 수 없고, 그 점유의 경위와 용도 등을 감안할 때 국가나 지방자치단체가 점유 개시 당시 공공용 재산의 취득절차를 거쳐서 소유

권을 적법하게 취득하였을 가능성도 배제할 수 없다고 보이는 경우에는, 국가나 지방자치단체가 소유권 취득의 법률요건이 없이 그러한 사정을 잘 알면서 토지를 무단점유한 것임이 입증되었다고 보기 어려우므로, 위와 같이 토지의 취득절차에 관한 서류를 제출하지 못하고 있다는 사정만으로 그 토지에 관한 국가나 지방자치단체의 자주점유의 추정이 번복된다고 할 수는 없다.

(4)국가 및 지방자치단체가 토지에 관하여 공공용 재산으로서의 취득절차를 밟았음을 인정할 증거를 제출하지 못하고 있다는 사유만으로 자주점유의 추정이 번복된다고 볼 수는 없다.

■ 등기부 취득시효 인정

부동산에 등기부상 소유자가 존재하는 등 소유자가 따로 있음을 알 수 있는 경우에는 비록 소유자가 행방불명되어 생사를 알 수 없더라도 부동산이 바로 무주부동산에 해당하는 것은 아니므로, 소유자가 따로 있음을 알 수 있는 부동산에 대하여 국가가 국유재산법 제8조에 따른 무주부동산 공고절차를 거쳐 국유재산으로 등기를 마치고 점유를 개시하였다면, 특별한 사정이 없는 한 점유의 개시에 자기의 소유라고 믿은 데에 과실이 있다.

대법원 2016. 8. 24. 2016다220679 판결

등기부취득시효가 인정되려면 점유의 개시에 과실이 없어야 하고, 증명책임은 주장자에게 있으며, 여기서 무과실이란 점유자가 자기의 소유라고 믿은 데에 과실이 없음을 말한다. 그런데 부동산에 등기부상 소유자가 존재하는 등 소유자가 따로 있음을 알 수 있는 경우에는 비록 소유자가 행방불명되어 생사를 알 수 없더라도 부동산이 바로 무주부동산에 해당하는 것은 아니므로, 소유자가 따로 있음을 알 수 있는 부동산에 대하여 국가가 국유재산법 제8조에 따른 무주부동산 공고절차를 거쳐 국유재산으로 등기를 마치고 점유를 개시하였다면, 특별한 사정이 없는 한 점유의 개시에 자기의 소유라고 믿은 데에 과실이 있다.

■ 취득시효 완성

시효완성으로 토지의 소유권을 취득하기 위하여는 그로 인하여 소유권을 상실하게 되는 시효 완성 당시의 소유자를 상대로 소유권이전등기청구를 하는 방법에 의하여야 하는 것이지, 제3자에 불과한 국가를 상대로 자기에게 소유권 또는 소유권이전등기청구권이 있음의 확인을 구할 이익은 없다.

대법원 1995. 5. 9. 1994다39123 판결

(1)토지에 관하여 이미 제3자 명의로 소유권보존등기가 마쳐져 있고, 토지대장상으로도 그 제3자가 소유자로 기재되어 있는 경우에 그 토지의 정당한 소유자라고 주장하는 자는 국가가 제3자의 소유를 부인하면서 계속 국가소유를 주장하는 등 특별한 사정이 없는 한 위 등기명의자를 상대로 하여 자신의 소유임을 확정하는 내용의 등기말소 내지 소유권 확인 판결을 받아야 하고, 별도로 국가를 상대로 소유권 확인을 구할 이익은 없는바, 이는 제3자 명의로소유권이전등기가 마쳐진 토지에 관하여도 마찬가지로 적용되는 법리이다.

(2)시효완성으로 토지의 소유권을 취득하기 위하여는 그로 인하여 소유권을 상실하게 되는 시효 완성 당시의 소유자를 상대로 소유권이전등기청구를 하는 방법에 의하여야 하는 것이지, 제3자에 불과한 국가를 상대로 자기에게 소유권 또는 소유권이전등기청구권이 있음의 확인을 구할 이익은 없다.

■ 귀속임야대장 권리추정력

6 · 25 전쟁으로 멸실되기 전의 임야대장에 터 잡아 전국의 귀속임야를 기재한 귀속임야대장이 만들어졌고, 이를 근거로 1952.7.26.자

국유화결정이 이루어졌으며, 이 결정이 이루어지자 그 대상 임야들을 국유(전귀속)임야대장에 기재한 데 이어 국유화결정귀속임야대장의 정비작업이 이루어진 것이므로 소유자란 기재에 부여된 권리추정력은 국유(전귀속)임야대장에도 그대로 이어진다.

대법원 1992. 6. 26. 1992다12216 판결

(1)구 임야대장규칙(1920.8.23. 조선총독부령 제113호) 제2조에 의하여 준용되던 구 토지대장규칙(1914.4.25. 조선총독부령 제45호) 제2조에 의하면, "소유권이전에 관한 사항은 등기관리의 통지가 없으면 임야대장에 등록하지 아니한다"고 규정되어 있으므로, 구임야대장상 소유자 변동의 기재는 위 규정에 따라 등기공무원의 통지에 의하여 이루어진 것이라고 보지 않을 수 없다.

(2)6 · 25사변으로 멸실되기 전의 임야대장에 터잡아 전국의 귀속임야를 기재한 귀속임야대장이 만들어졌고, 이를 근거로 1952.7.26.자 국유화결정이 이루어졌으며, 이 결정이 이루어지자 그 대상 임야들을 귀속임야국유화대장, 귀속재산국유화조치대장, 국유화결정귀속임야대장, 국유(전귀속)임야대장에 기재한 데 이어, 재무부와 농림부의 협의로 국유화결정귀속임야대장의 정비작업이 이루어진 것이므로, 국유(전귀속)임야대장은 결국 6 · 25사변으로 멸실되기전의 임야대장에 터잡아 이루어졌다고 할 수 있고, 따라서 위 임야대장 중 소유자란 기재에 부여된 권리추정력은 국유(전귀속)임야대장에도 그대로 이어진다고 할 수 있으므로, 국유(전귀속)임야대장에 귀속재산으로 기재되어 있는 임야는 1945.8.9. 현재 일본인의 소유라고 봄이 타당하다.

(3)임야세명기장은 조세부과의 행정목적으로 작성된 문서에 불과하여 권리추정의 효력이 없다.

(4)권리추정력이 없는 임야세명기장에 터잡아 작성된 문서에도 권리추정의 효력이 없다.

(5)구 지적법(1975.12.31. 법률 제2801호로 개정되기 전의 것) 시행 당시에는 멸실된 임야대장의 복구에 관한 절차가 전혀 없었으므로 임야대장의 관할 행정관청이 행정의 편의를 위하여 복구한 임야대장은 적법하게 복구된 것이라고 할 수 없고, 따라서 그 소유자란의 기재는 소유권의 귀속을 증명하는 자료가 될 수 없다.

■ 부동산특별조치법 권리추정력

등기부나 토지대장 또는 임야대장상 소유자로 등기 또는 등록되어 있는 자가 있는 경우에는 그 명의자를 상대로 한 소송에서 당해 부동산이 보존등기신청인의 소유임을 확인하는 내용의 확정판결을 받으면 소유권보존등기를 신청할 수 있는 것이므로 그 명의자를 상대로 한 소유권확인청구에 확인의 이익이 있는 것이 원칙이지만, 토지대장 또는 임야대장의 소유자에 관한 기재의 권리추정력이 인정되지 아니하는 경우에는 국가를 상대로 소유권확인청구를 할 수밖에 없다.

대법원 2010. 11. 11. 2010다45944 판결

(1)1975.12.31. 법률 제2801호로 개정된 지적법이 시행되기 이전에 소관청이 아무런 법적 근거 없이 행정의 편의를 위하여 임의로 복구한 구 임야대장의 공유지연명부는 적법하게 복구된 것이라 할 수 없어 그 소유자란에 이름이 기재되어 있다고 하더라도 소유자에 관한 사항은 권리추정력을 인정할 수 없으므로, 위와 같이 임야대장에 근거 없이 소유자에 관한 표시가 되어 있는 부동산도 소유자미복구부동산에 포함된다고 할 것이어서, 이러한 소유자미복구부동산의 사실상 소유자가 소유권보존등기를 한 것은 적법한 임야대장의 명의인으로부터 그 권리를 이어받은 등기하지 못한 취득자만이 소정의 절차에 따라 소유권보존등기를 할 수 있도록 규정하고 있는 구 임야소유권 이전등기 등에 관한 특별조치법을 위반하여 이루어진 것이어서 그 추정력을 인정할 수 없다.

(2)구 부동산소유권 이전등기 등에 관한 특별조치법(1977.12.31. 법률 제3094호로 제정된 것)의 규정 취지에 비추어 볼 때 위 법률이 요구하는 3인의 보증인들은 위 법률에 의하여 등기를 하고자 하는 확인서 발급신청인 이외의 제3자를 의미하는 것이라고 해석하여야 하고, 따라서 보증인으로 위촉된 본인이 자신 또는 자신이 대표자로 있는 종중이 사실상 양수한 토지에 관하여 위 법에 의한 등기를 경료하고자 할 경우에는 자신은 당해 토지에 관한 보증인이 될 수 없다고 봄이 상당하므로 확인서 발급신청 종중의 대표 자신이 위 법률상 보증인의 1인으로 된 보증서 및 이에 기한 확인서에 의하여 경료된 등기는 절차상 위법한 등기로서

적법성의 추정을 받을 수 없다.

(3)국가를 상대로 한 토지소유권확인청구는 그 토지가 미등기이고 토지대장이나 임야대장상에 등록명의자가 없거나 등록명의자가 누구인지 알 수 없을 때와 그 밖에 국가가 등기 또는 등록명의자인 제3자의 소유를 부인하면서 계속 국가 소유를 주장하는 등 특별한 사정이 있는 경우에 한하여 그 확인의 이익이 있다. 그리고 어느 토지에 관하여 등기부나 토지대장 또는 임야대장상 소유자로 등기 또는 등록되어 있는 자가 있는 경우에는 그 명의자를 상대로 한 소송에서 당해 부동산이 보존등기신청인의 소유임을 확인하는 내용의 확정판결을 받으면 소유권보존등기를 신청할 수 있는 것이므로 그 명의자를 상대로 한 소유권확인청구에 확인의 이익이 있는 것이 원칙이지만, 토지대장 또는 임야대장의 소유자에 관한 기재의 권리추정력이 인정되지 아니하는 경우에는 국가를 상대로 소유권확인청구를 할 수밖에 없다.

■ 부동산특별조치법 권리추정력

등기를 마친 자가 보증서나 확인서에 기재된 취득원인이 사실과 다른 취득원인에 따라 권리를 취득하였음을 주장하는 때에는, 특별한 사정이 없는 한 위의 사유만으로 특별조치법에 따라 마쳐진 등기의 추정력이 번복된다고 볼 수는 없으며, 그 밖의 자료에 의하여 새로이 주장된 취득원인 사실에 관하여도 진실이 아님을 의심할 만큼 증명되어야 그 등기의 추정력이 번복된다.

대법원 2005. 4. 29. 2005다2189 판결

(1)구 부동산소유권이전등기등에관한특별조치법(1992.11.30. 법률 제4502호, 실효)에 의한 등기도 실체적 권리관계에 부합하는 등기로 추정되므로, 그 추정의 번복을 구하는 당사자가 그 등기의 기초가 된 위 법 소정의 보증서나 확인서가 허위로 작성되었다거나 위조되었다든지 그 밖의 사유로 적법하게 등기된 것이 아니

라는 것을 주장 · 입증하여야 하고, 그 등기의 추정력을 번복하기 위한 입증의 정도는 등기의 기초가 된 보증서나 확인서의 실체적 기재 내용이 진실이 아님을 의심할 만큼 증명되어야 하며, 그와 같은 입증이 없는 한 그 등기의 추정력은 번복되지 아니한다.

(2)구 부동산소유권이전등기등에관한특별조치법(1992.11.30. 법률 제4502호, 실효)에 따라 등기를 마친 자가 보증서나 확인서에 기재된 취득원인이 사실과 다른 취득원인에 따라 권리를 취득하였음을 주장하는 때에는, 특별한 사정이 없는 한 위의 사유만으로 특별조치법에 따라 마쳐진 등기의 추정력이 번복된다고 볼 수는 없으며, 그 밖의 자료에 의하여 새로이 주장된 취득원인 사실에 관하여도 진실이 아님을 의심할 만큼 증명되어야 그 등기의 추정력이 번복된다.

(3)구 부동산소유권이전등기등에관한특별조치법(1992.11.30. 법률 제4502호, 실효)에 의한 보증인이 권리변동관계를 잘 알지 못한 채 등기명의인이 주장하는 권리변동관계를 보증한다는 내용의 보증서를 작성하여 주었다는 사유만으로는 그 등기의 추정력이 전복되지 아니한다.

■ 임야특별조치법 권리추정력

소정의 적법한 절차에 의하여 마친 것으로서 실체관계에 부합하는 등기로 추정되므로 그 등기의 말소를 소구하는 자에게 그 추정 번복에 대한 주장 · 입증책임이 있지만, 상대방이 등기의 기초가 된 보증서나 확인서가 위조되거나 또는 그 실체적 기재 내용이 허위임을 자인하거나 실체적 기재 내용이 진실이 아님을 의심할 만큼 증명이 된 때에는 등기의 추정력은 번복된 것으로 보아야 하고, 보증서 등의 허위의 입증 정도가 법관이 확신할 정도가 되어야만 하는 것은 아니다.

대법원 1997. 3. 11. 1996다49902 판결

(1)구 임야소유권이전등기등에관한특별조치법(1969.5.21. 법률 제2111호, 실효)에 의한 등기는 같은 법 소정의 적법한 절차에 의하여 마쳐진 것으로서 실체관계에

부합하는 등기로 추정되므로 그 등기의 말소를 소구하는 자에게 그 추정 번복에 대한 주장·입증책임이 있지만, 상대방이 등기의 기초가 된 보증서나 확인서가 위조되거나 또는 그 실체적 기재 내용이 허위임을 자인하거나 실체적 기재 내용이 진실이 아님을 의심할 만큼 증명이 된 때에는 등기의 추정력은 번복된 것으로 보아야 하고, 보증서 등의 허위의 입증 정도가 법관이 확신할 정도가 되어야만 하는 것은 아니다.

(2)구 임야소유권이전등기등에관한특별조치법(1969.5.21. 법률 제2111호, 실효)에 의한 등기에 있어서 보증서의 보증인을 3인으로 하도록 규정한 취지가 일방적인 신청에 의하여 등기의무자의 의사와는 관계없이 경료되는 같은 법에 의한 등기의 진실성을 담보하는 데 있으므로, 보증인 중 1인의 보증내용이 허위이거나 그 보증인의 보증이 위조된 것으로 판명되면 그 보증서는 허위 내지는 위조된 보증서로서 등기의 적법 추정력이 번복된다.

(3)석명권 행사는 법원이 심리를 함에 있어서 당사자의 주장에 모순·흠결이 있거나 애매하여 불명료한 경우에 이를 명백히 하기 위한 것이므로 등기부취득시효의 주장임이 분명한 경우, 법원이 점유취득시효의 주장이 함께 포함되어 있는 것인지 여부를 석명할 의무까지 있다고는 할 수 없다.

■ 임야특별조치법 권리추정력

특별조치법에 따른 등기를 마칠 수 없음이 명백하거나 그 주장하는 내용이 구체성이 전혀 없다든지 그 자체로서 허구임이 명백한 경우 등의 특별한 사정이 없는 한 위의 사유만으로 특별조치법에 따라 마쳐진 등기의 추정력이 깨어진다고 볼 수는 없으며, 그 밖의 자료에 의하여 새로이 주장된 취득원인 사실에 관하여도 진실이 아님을 의심할 만큼 증명되어야 그 등기의 추정력이 깨어진다고 할 것이다.

대법원 2001. 11. 22. 2000다71388,71395 판결

구 임야소유권이전등기등에관한특별조치법에 따라 등기를 마친 자가 보증서나 확인서에 기재된 취득원인이 사실과 다름을 인정하더라도 그가 다른 취득원인에 따라 권리를 취득하였음을 주장하는 때에는, 특별조치법의 적용을 받을 수 없는 시점의 취득원인 일자를 내세우는 경우와 같이 그 주장 자체에서 특별조치법에 따른 등기를 마칠 수 없음이 명백하거나 그 주장하는 내용이 구체성이 전혀 없다든지 그 자체로서 허구임이 명백한 경우 등의 특별한 사정이 없는 한 위의 사유만으로 특별조치법에 따라 마쳐진 등기의 추정력이 깨어진다고 볼 수는 없으며, 그 밖의 자료에 의하여 새로이 주장된 취득원인 사실에 관하여도 진실이 아님을 의심할 만큼 증명되어야 그 등기의 추정력이 깨어진다고 할 것이다.

■ 특별조치법 권리추정력

추정을 번복하기 위하여는 그 등기의 기초가 된 같은 법 소정의 보증서나 확인서가 위조되었다거나 허위로 작성된 것이라든지 그 밖의 사유로 적법하게 등기된 것이 아니라는 것을 주장·입증하여야 하나, 상대방이 등기의 기초가 된 보증서의 실체적 기재내용이 허위임을 자인하거나 실체적 기재내용이 진실이 아님을 의심할 만큼 증명이 된 때에는 등기의 추정력은 번복된 것으로 보아야 하고, 보증서 등의 허위성의 입증정도가 법관이 확신할 정도가 되어야만 하는 것은 아니다.

대법원 1994. 10. 21. 1993다12176 판결

(1)수복지구내소유자미복구토지의복구등록과보존등기등에관한특별조치법에 의하여 소유권보존등기가 경료된 토지에 관하여 비록 그 등기명의인 이전에 다른 소유자가 있었다 하더라도 그 등기는 같은 법 소정의 적법한 절차에 따라 마쳐진 것으로서 실체적 권리관계에도 부합하는 등기로 추정되는 것이므로, 이와 같은 추정을 번복하기 위하여는 그 등기의 기초가 된 같은 법 소정의 보증서나 확인서가 위조되었다거나 허위로 작성된 것이라든지 그 밖의 사유로 적법하게 등기된 것이 아니라는 것을 주장·입증하여야 하나, 상대방이 등기의 기초가 된 보증서의 실체적 기재내용이 허위임을 자인하거나 실체적 기재내용이 진실이 아님을 의심할 만큼 증명이 된 때에는 등기의 추정력은 번복된 것으로 보아야 하고, 보증서

등의 허위성의 입증정도가 법관이 확신할 정도가 되어야만 하는 것은 아니다.
(2)취득시효에 있어서 자주점유라 함은 소유자와 동일한 지배를 사실상 행사하려는 의사를 가지고 하는 점유를 의미하는 것이지, 법률상 그러한 지배를 할 수 있는 권한, 즉 소유권을 가지고 있거나 소유권이 있다고 믿고서 하는 점유를 의미하는 것은 아니며, 또 자주점유의 내용인 소유의 의사는 점유권원의 성질에 따라 가려져야 하나 점유권원의 성질이 분명하지 아니한 때에는 민법 제197조 제1항의 규정에 의하여 점유자는 소유의 의사로 평온, 공연하게 점유한 것으로 추정되므로 점유자에게 적극적으로 그 점유권원이 자주점유임을 주장 · 입증할 책임이 있는 것은 아니고 점유자의 점유가 타주점유임을 주장하는 상대방에게 이를 입증할 책임이 있는 것이다.

■ 국가상대 소유권 청구소송

국가를 상대로 한 토지소유권확인청구는 어느 토지가 미등기이고, 토지대장이나 임야대장상에 등록명의자가 없거나 등록명의자가 누구인지 알 수 없을 때와 그 밖에 국가가 등록명의자인 제3자의 소유를 부인하면서 계속 국가소유를 주장하는 등 특별한 사정이 있는 경우에 한하여 그 확인의 이익이 있다.

대법원 1994. 3. 11. 1993다57704 판결

(1)부동산등기법 제130조 제2호 소정의 판결은 그 내용이 신청인에게 소유권이 있음을 증명하는 확정판결이면 족하고, 그 종류에 관하여 아무런 제한이 없어 반드시 확인판결이어야 할 필요는 없고, 이행판결이든 형성판결이든 관계가 없으며, 또한 화해조서 등 확정판결에 준하는 것도 포함한다.
(2)국가를 상대로 한 토지소유권확인청구는 어느 토지가 미등기이고, 토지대장이나 임야대장상에 등록명의자가 없거나 등록명의자가 누구인지 알 수 없을 때와 그 밖에 국가가 등록명의자인 제3자의 소유를 부인하면서 계속 국가소유를 주장하는 등 특별한 사정이 있는 경우에 한하여 그 확인의 이익이 있다.

제5장
상속인은 어떻게 해야 할까?

19

국가 · 지방자치단체 변호사 · 법무법인 조상 땅 찾기

국가 · 지방자치단체 조상 땅 찾아주기

재산관리에 소홀했거나 불의의 사고 등으로 직계 존비속 소유의 토지를 알 수 없는 경우 전국 토지를 대상으로 지적전산시스템을 이용하여 조상이나 본인 명의로 된 토지를 확인시켜 주는 제도로 시도 및 시군구청 지적부서에서 담당하고 있다.

신청자격은 토지소유자 본인 또는 사망자의 상속대상자이며, 1960년 이전 사망자의 재산상속은 장자상속으로 호주상속인만 신청 가능하다.

자료조회는 주민등록번호로 조회할 경우에는 전국 토지소유 자료이며, 성명으로 조회할 경우에는 사망자가 생전에 살았던 지역, 본적 등 찾고자하는 지역을 선택하여 자료 조회가 가능하다.

국가 · 지방자치단체의 조상 땅 찾아주기는 시도 및 시군구청 지적전산시스템에 소장 중인 지적공부 중 대장이라는 한정된 자료로 창씨개명한 조상님의 일본 씨명으로 등록된 토지, 국유재산법에 의해 국가귀속된 토지, 공공사업 편입으로 소유자나 상속인을 알 수 없어 법원에 공탁된 조상님 의 토지보상금, 한지부책식 구 토지대장(등기부) · 카드식 토지대장(등기부)을 현행 토지대장(등기부)에 이기할 때 소관청의 과실로 성명을 틀리게 기재한 토지는 확인할 방법이 없다.

이러한 관계로 변호사 · 법무법인 등은 일제강점기에서 만들어진 토지조사부, 보안림 편입조서, 총독부 관보 등 많은 자료를 가지고 국가 · 지방자치단체 또는 제3자, 종중 등으로 불합리하게 소유권이 이전되어 있는 조상님 토지, 일제강점기 이후 소유권이 변동되지 않은 조상님 성명 토지, 창씨개명한 조상님 일본 씨명 토지, 법원에 공탁된 조상님 토지보상금을 상속인에게 되찾아 주는 일을 국가 · 지방자치단체를 대리하여 수행하고 있다.

변호사 · 법무법인 조상 땅 찾아주기

조상 땅 찾기의 주역인 변호사 · 법무법인은 조상 땅을 되찾아 주기 위해 방대한 각종 소송 등의 증거자료를 수집 확보하고 양질의 서비스를 제공하기 위한 방법을 지속적으로 연구 개발하여 상속인의 의뢰가 있을 경우 조상님이 남겨주신 상속재산을 되찾아 주는 일을 성실히 수행하고 있는 공공성을 지닌 법률 전문가 그룹이다.

금품 · 향응 또는 그 밖의 이익을 받거나 받을 것을 약속하고 또는 제3자에게 이를 공여하게 하거나 공여하게 할 것을 약속하고 감정 · 대리 · 중재 · 화해 · 청탁 · 법률상담 또는 법률관계 문서 작성, 그 밖의 법률사무를 취급하거나 이러한 행위를 알선하는 행위는 오직 변호사만 할 수 있도록 되어 있는 변호사법의 벌칙규정을 회피하기 위해 변호사 · 법무법인에 직원 형태로 고용되어 있는 조상 땅 찾기의 전문가들은 업계에서 짧게는 십년 보통 이십 년 이상의 경력을 가진 한 우물만 판 사람들로 국가 · 지방자치단체, 제3자, 종중 등으로 불합리하게 소유권이 이전되어 있는 조상님 토지, 일제강점기 이후 소유권이 변동되지 않은 조상님 성명 토지, 창씨 개명한 조상님의 일본 씨명 토지, 법원에 공탁된 조상님 토지보상금을 상속인에게 되찾아 주는 일을 사실상 모두 수행하고 있다.

일부 변호사·법무법인 및 조상 땅 찾기 전문가들의 불법·탈법 행위로 인해 상속인의 불신을 조장하여 국가·지방자치단체에서 시행하고 있는 조상 땅 찾기 활성화에 지장을 초래하고 변호사·법무법인 간 치열한 경쟁으로 조상 땅 찾기 시장의 혼탁을 가중하고 있다.

- ○ 국가·지방자치단체에 조상 땅 찾기 서비스를 의뢰한 경우
- ○ 일제강점기 당시 토지 관련 문서나 계약서는 소지하고 있는 경우
- ○ 친척 등 주위 분들에게서 조상님 토지가 있었다는 말씀을 들은 경우
- ○ 토지 브로커로부터 조상님의 부동산이 존재한다는 연락을 받은 경우
- ○ 조상님 소유라 심증은 있으나 물증이 없는 경우

위와 같은 사실이 있는 경우에

조상님이 물려주신 소중한 상속재산이 어디에 있는지 누구 명의로 되어 있는 알고 싶고 되찾고 싶은 상속인은 수많은 변호사·법무법인이 인터넷 상에 조상 땅 찾기 서비스를 운영하고 있으므로 신뢰감 있는 전문가에게 의뢰하면 조상님이 물려주신 상속재산을 되찾을 가능성이 매우 높다.

상속인은 어떻게 해야 하나?

밑져야 본전이란 속담이 있다. 일단, 적극적으로 내게도 조상님이 물려주신 상속재산이 있는지 확인하는 것이 급선무이다.

수많은 변호사·법무법인 중에서 가장 적은 비용으로 더 성실히 조상 땅 찾기를 하여 조상님의 상속재산을 모두 찾아주는 변호사·법무법인이 최선이라 생각한다.

사실상의 현 소유자로 지적공부를 정리하여 국민의 재산을 보호하고 토지거래의 안전성을 보장함은 물론, 국세기본법에 의한 공정과세 및 추가 세원을 확보하기 위해 국가·지방자치단체에서 조상 땅 찾기 시스템을 가동하여 조상님께서 물려주신 상속재산이 정당한 소유자에게 상속되도록 하고 있다.

가끔 풍문이나 신문·방송 등 언론을 통해서 지인이나 타인이 조상 땅 찾기로 큰돈을 벌었다는 보도를 듣고 있다.

조상님을 잘 두어서 큰돈을 벌고 싶다는 생각을 누구나 가끔씩 해보곤 한다. 물려받은 것이 없어 현재 경제적으로 어려움이 있더라도 과거 조상님마저 어렵게 살았다고 생각하는 것은 잘못이라 생각한다.

우리나라는 6·25 전쟁으로 지적공부와 등기부가 대량 소실되고 조상님인 소유자가 행방불명이나 사망하였음에도 대장과 등기부에 그대로 방치되어 있고 소관청이나 등기소에 의해 복구되었으나 소유자란이 조상님의 성명이나 일본인 씨명 또는 공란으로 되어 있는 토지가 수없이 많이 남아 있으며 또한 국가·지방자치단체 또는 제3자, 종중 등으로 소유권이 이전되어 있기 때문에 상속인이 알고 있는 지식으로는 조상님의 땅을 찾기 어려워 상속을 받지 못하고 있다.

상속인인 난 어떻게 해야 하나?

법령이나 대법원 판례 더욱이 조선총독부관보는 더더욱 모르고 처음

듣는 생소한 말일 것이다.

상속인이 찾을 가능성이 있는 땅은 어떤 것일까?

○ 도로나 하천 등 공공용지로 편입되었으나 보상받지 못한 미불용지
○ 조상님의 일본 씨명으로 되어 있는 토지
○ 조상님 성명으로 되어 있고 주소나 주민등록번호가 없어 구체적으로 누구인지 모르는 토지
○ 국가 · 지방자치단체에서 무주부동산으로 공고하여 귀속시킨 토지
○ 특별조치법에 의해 제3자에게 소유권이 이전된 토지
○ 점유취득시효로 소유권이전등기청구권을 행사할 수 있는 토지
○ 지적복구가 이루어지지 않은 미복구 토지
○ 공공용지에 편입되어 법원에 공탁된 토지(금전)

경기도 등의 지역은 6 · 25 전쟁으로 멸실된 대장을 복구할 때 토지조사부의 사정인을 기록하였으나 복구한 구 토지대장을 1975년 카드대장으로 변경하면서 사정인을 이기하지 않았다. 따라서 현재 존재하고 있는 대장에서 사정인을 확인할 수 없어 행정차치부의 지적전산망에서 조회가 불가능하다.

대장과 등기부가 멸실되지 않은 충청권이남 지역은 구 대장, 카드대장, 현 대장의 이기 과정에서 사정인을 포함하였기 때문에 조회가 가능하다.

토지조사부가 멸실된 지역은 대장과 등기부가 남아있고 대장과 등기부가 멸실된 지역은 토지조사부가 남아 있는 경우가 많이 있으니 국가·지방자치단체의 조상 땅 찾기를 열람하고자 할 때 참고하기 바란다.

조상님을 확인하려면 민적부, 전적지의 제적등본을 모두 발급받아 사유란의 전적지를 확인해야 한다.

조상님의 제적등본이 없는 경우에는 해당 읍·면의 제적인명색출장을 열람하거나 관할 법원 호적계에서 확인해야 한다.
상속인이 열람 확인할 수 있는 상기 서류는 조상 땅 찾기의 기초자료로 실제 국가귀속 되거나 제3자로 소유권이 변경된 경우에는 조상님이 물려주신 재산을 상속받는 것은 거의 불가능하다.

인터넷에 확인하면 브로커라는 조상 땅 찾기 전문가는 믿을 수 없다고 주장하는 변호사·법무법인이 있는데 이는 무의미한 것이다.

조상 땅 찾기에서 불법적인 요인은 변호사가 아니면서 금품·향응 또는 그 밖의 이익을 받거나 받을 것을 약속하고 또는 제3자에게 이를 공여하게 하거나 공여하게 할 것을 약속하고 감정·대리·중재·화해·청탁·법률상담 또는 법률관계 문서 작성, 그 밖의 법률사무를 취급하거나 이러한 행위를 알선하여 사적 이득을 취하는 것을 말한다.

보통 조상 땅 찾기 전문가들은

◯ 변호사 사무실에서 근무한 경험이 있는 사람

◯ 지적공무원으로 근무한 경험이 있는 사람

◯ 부동산 중개업에 종사하고 있는 사람

◯ 조상 땅을 찾은 경험이 있는 사람으로

변호사법의 엄격한 벌칙 조항으로 변호사·법무법인과 협업해 조상 땅 찾기를 하고 있기 때문에 현실적으로는 변호사·법무법인과의 차이를 상속인의 입장에서는 느낄 수 없다.

그러면 상속인들은 어떻게 해야 할까?

수많은 변호사·법무법인 중에서 가장 적은 비용으로 더 성실히 조상 땅 찾기를 하여 조상님의 상속재산을 모두 찾아주는 변호사·법무법인이 최선이라 생각한다.

필자가 알기로 조상 땅 찾기를 할 때 변호사·법무법인이 요구하는 선임료는 착수금을 받지 않은 대신 승소할 경우 30% 정도인 경우로 알고 있다.

조상 땅 찾기에서 전문성이 결여 되어 을의 입장인 상속인은 조상님의 제적등본을 확인한 후 믿음이 가는 저렴하고 성실한 변호사·법무법인에게 의뢰하여 조상님이 물려주신 재산이 있으면 횡재를 하는 것이다.

차선책으로 상속인에게 조상님의 재산이 있다고 찾아오는 조상 땅 찾기 전문가가 있으면 이들과 잘 협의하고 이들과 협업하고 있는 변호사 · 법무법인에게 의뢰하여 조상님의 재산을 상속받는 것이 우선이라 생각한다.

이것은 단순히 필자의 개인적 생각으로 상속인의 현명한 판단 하에 처리 결정해야 한다.

밑져야 본전이란 속담이 있다. 일단, 적극적으로 내게도 조상님이 물려주신 상속재산이 있는지 확인하는 것이 급선무이다.

찾아보기나 했어…….

결어

이처럼 민족의 비극인 일제강점기와 6 · 25 전쟁은 대한민국에 큰 상처를 주었다. 일제는 식민지체제를 수립하기 위해 1910년부터 1918년까지 '토지조사사업'을 시행했다. 이로 인해 농경지, 미개간지 등 조선인의 땅을 착취하고 빼앗았다.

해방 후 대법원 판례는 토지조사사업에 의한 소유자의 원시취득을 인정하여 향후 소유권이 변하지 않는 한 당해 토지에 대한 소유권을 인정하고 있는 취지의 판결을 하고 있다.

국가기록원에는 토지조사사업 당시의 토지조사부, 보안림 편입조서, 총독부관보 등이 소장되어 있다. 일제강점기 치하의 소유자를 확인할 수 있고 제적등본을 확인하면 창씨개명한 조상님의 일본 씨명을 알 수 있음에도 국유재산법에 의해 6개월의 공고 기간을 거쳐 민법 제252조를 근거로 제1053조 내지 1059조에 의거 국가귀속 시키고 있는 것은 국가의 책무를 등한시 한 것이라 생각된다.

국가 · 지방자치단체가 한정된 인력과 처리시스템 미비로 책무를 다하지 않고 있는 상황에서 일제강점기에 만들어진 토지조사부, 보안림 편입조서, 총독부 관보 등의 자료를 가지고 국가·지방자치단체 또는 제3자, 종중 등으로 불합리하게 소유권이 이전되어 있는 조상님 토지, 일제강점기 이후 소유권이 변동되지 않은 조상님 성명 토지, 창씨개명한 조상님의 일본 씨명 토지, 법원에 공탁된 조상님 토지보상금 등을 상속인에게 되찾아 주는 일을 변호사·법무법인 등이 대리하여 수행하고 있다.

국가기관인 조달청에서는 조직을 보강하고 처리시스템을 정비하여 토지조사부 등의 자료와 제적등본을 확인하여 조상님의 상속재산을 국가귀속 시키지 말고 정당한 소유자인 상속인에게 상속되도록 조치하여야 한다고 생각한다.

이것이 곤란하다면 관련 규정의 개정을 통해 조치를 취하는 방법이 있다고 생각한다.

현재는 국가기록원에 있는 토지조사부 등의 자료나 일제강점기 치하 소유자 변동을 알 수 있는 서류를 상속인 등의 이해관계인에게만 열람할 수 있도록 관련 규정이 만들어져 있다.

한시적으로 국가기록원에는 자료 등을 포함한 정부의 모든 자료를 공공성을 지닌 법률 전문직인 변호사도 열람할 수 있도록 규정을 개정하여 조상님 상속재산의 정당한 소유자인 상속인에게 재산이 상속되도록 해야 한다고 생각한다.

이는 국가적 입장으로 보았을 때 국가가 조상님의 상속재산에 대해 상속인을 알 수 있음에도 책무를 등한시하여 국유로 무상귀속했거나 하려고 하는 것을 바로잡는 것이라 생각된다.

초고령화 국가인 일본에서는 개인이 과도한 세금을 회피하기 위해 국가 · 지방자치단체에 무상 양여를 하려 해도 국가 · 지방자치단체에서 조세정책에 따라 무상 양여를 거부하고 있는 실정인 것으로 알고 있는데 우리나라도 2025년경 초고령화 국가로 되기 때문에 어찌 동일한 일이 일어나지 않을 것이라 누가 장담할 수 있겠는가?

토지의 물리적 현황과 법적 권리를 공시하는 지적제도는 토지거래의 안전을 보장함은 물론 국토의 효율적인 개발과 국가정책 수립의 기초 자료이기 때문에 조상님이 행방불명이나 사망한 경우에는 정당한 상속인으로 소유권이 이전하여 국가의 조세형평을 분명히 하고 토지에 대한 지적이동을 명확히 하여 국토를 건강하게 관리해야 한다.

국토유지 관리비용 증가 방지, 상속세 및 증여세법에 의한 국세, 지방세법에 의한 국세, 지방세법에 의한 재산세 등의 세금탈루 방지, 국세기본법의 기본 목적인 공정과세를 확립하도록 일제강점기 이후 소유권이 변동되지 않은 토지를 상속인에게 되찾아 주어야 하며 다가올 초고령화 사회를 대비하여 세원을 추가 발굴 확보하는데 일조하기 위해 변호사업계에서는 한시적으로 조상 땅 찾기에 관한 자료를 공공성을 지닌 법률 전문직인 변호사도 한시적으로 열람할 수 있도록 관련 규정을 개정하도록 적극적으로 요구해야 한다고 생각한다.

이에 앞서 혼탁한 조상 땅 찾기 시장을 일소하기 위해 조상 땅 찾기 전문가나 변호사 · 법무법인의 적극적인 자정 노력이 선행되어야 하며 투명하고 합리적인 조상 땅 찾기 업무로 상속인의 신뢰를 얻어야 한다.

모로 가도 서울만 가면 된다는 말이 있듯이 상속인의 입장에서는

제적등본의 조상님 성명이나 일본 씨명을 확인한 후 믿음이 가는 성실한 변호사 · 법무법인에게 의뢰하던지 아니면 상속인에게 조상님의 상속재산이 있다고 찾아오는 사람이 있으면 이들에게 의뢰하던지 저렴하고 신뢰감이 가는 곳에 맡겨 조상님의 재산을 상속받는 것이 합리적이라 생각한다.

일단, 관심을 가져봤나?

관심을 가져봤으면 찾으려고 노력은 해봤나?

생각해 봐야 한다.

아는 만큼 보이고 노력한 만큼 대가가 나오는 것임을 명심해야 한다.

조상님의 정당한 상속인인 독자들이 상속재산을 되찾는데 조금이나마 기여할 수 있는 양서가 되기를 소망해 본다.